DECISÃO
PODEROSA

OUTRAS OBRAS DE MIKE BAYER

O Melhor de Mim

Be Your Best Self: The Official Companion to the New York Times *best-seller* Best Self

Medidas imediatas
para melhorar sua vida

DECISÃO
PODEROSA

O Primeiro Passo Para Uma Vida Melhor

MIKE BAYER

Autor de *O Melhor de Mim: Seja Você Mesmo a Cada Dia Mais*

Rio de Janeiro, 2021

Decisão Poderosa

Copyright © 2021 da Starlin Alta Editora e Consultoria Eireli.
ISBN: 978-65-5520-534-3

Translated from original One Decision: The first step to a better life. Copyright © 2020 by Michael Bayer. ISBN 978-0-5932-9601-1. This translation is published and sold by permission of Penguin Life Book, an imprint of Penguin Random House LLC, the owner of all rights to publish and sell the same. PORTUGUESE language edition published by Starlin Alta Editora e Consultoria Eireli, Copyright © 2021 by Starlin Alta Editora e Consultoria Eireli.

Todos os direitos estão reservados e protegidos por Lei. Nenhuma parte deste livro, sem autorização prévia por escrito da editora, poderá ser reproduzida ou transmitida. A violação dos Direitos Autorais é crime estabelecido na Lei nº 9.610/98 e com punição de acordo com o artigo 184 do Código Penal.

A editora não se responsabiliza pelo conteúdo da obra, formulada exclusivamente pelo(s) autor(es).

Marcas Registradas: Todos os termos mencionados e reconhecidos como Marca Registrada e/ou Comercial são de responsabilidade de seus proprietários. A editora informa não estar associada a nenhum produto e/ou fornecedor apresentado no livro.

Impresso no Brasil — 1ª Edição, 2021 — Edição revisada conforme o Acordo Ortográfico da Língua Portuguesa de 2009.

Erratas e arquivos de apoio: No site da editora relatamos, com a devida correção, qualquer erro encontrado em nossos livros, bem como disponibilizamos arquivos de apoio se aplicáveis à obra em questão.
Acesse o site **www.altabooks.com.br** e procure pelo título do livro desejado para ter acesso às erratas, aos arquivos de apoio e/ou a outros conteúdos aplicáveis à obra.

Suporte Técnico: A obra é comercializada na forma em que está, sem direito a suporte técnico ou orientação pessoal/exclusiva ao leitor.

A editora não se responsabiliza pela manutenção, atualização e idioma dos sites referidos pelos autores nesta obra.

Dados Internacionais de Catalogação na Publicação (CIP) de acordo com ISBD

B357d	Baye, Mike
	Decisão Poderosa: O Primeiro Passo Para Uma Vida Melhor / Mike Baye ; traduzido por Lívia Barros. - Rio de Janeiro : Alta Books, 2021.
	304 p. : 16cm x 23cm.
	Tradução de: One Decision
	ISBN: 978-65-5520-534-3
	1. Autoajuda. 2. Vida. 3. Propósito. 4. Saúde mental. 5. Relacionamentos. 6. Saúde física. 7. Dinheiro. I. Barros, Lívia. II. Título.
2021-3244	CDD 158.1
	CDU 159.947

Elaborado por Vagner Rodolfo da Silva - CRB-8/9410

Rua Viúva Cláudio, 291 — Bairro Industrial do Jacaré
CEP: 20.970-031 — Rio de Janeiro (RJ)
Tels.: (21) 3278-8069 / 3278-8419
www.altabooks.com.br — altabooks@altabooks.com.br

Produção Editorial
Editora Alta Books

Gerência Comercial
Daniele Fonseca

Editor de Aquisição
José Rugeri
acquisition@altabooks.com.br

Produtores Editoriais
Illysabelle Trajano
Maria de Lourdes Borges
Thales Silva

Marketing Editorial
Livia Carvalho
Gabriela Carvalho
Thiago Brito
marketing@altabooks.com.br

Equipe de Design
Larissa Lima
Marcelli Ferreira
Paulo Gomes

Diretor Editorial
Anderson Vieira

Coordenação Financeira
Solange Souza

Produtor da Obra
Thié Alves

Equipe Ass. Editorial
Brenda Rodrigues
Caroline David
Luana Rodrigues
Mariana Portugal
Raquel Porto

Equipe Comercial
Adriana Baricelli
Daiana Costa
Fillipe Amorim
Kaique Luiz
Victor Hugo Morais
Viviane Paiva

Atuaram na edição desta obra:

Tradução
Lívia Rodrigues

Copidesque
Carlos Bacci

Capa
Marcelli Ferreira

Revisão Gramatical
Daniel Perisse
Fernanda Lutfi

Diagramação
Lucia Quaresma

Ouvidoria: ouvidoria@altabooks.com.br

Editora afiliada à:

Dedico este livro àqueles que querem algo melhor, mas não sabem por onde começar, àqueles que sentem que algo está diferente, mas ainda não aceitaram isso, e àqueles que podem ter se perdido um pouco, mas estão prontos para dar o primeiro passo em direção a uma vida melhor.

AGRADECIMENTOS

Primeiro, gostaria de agradecer a Brian Tart, Emily Wunderlich e ao restante da minha equipe estelar da Viking. Vocês foram grandes parceiros na criação deste livro. Quero expressar minha gratidão a Jan Miller por sua tenacidade inigualável, além de ser uma grande motivadora. Minha agente, Lacy Lalene Lynch, desempenhou um papel fundamental na elaboração deste livro. Lacy, você me incentivou a escrever com honestidade e partilhar a minha verdade. Com julgamento zero ao longo do caminho, um poço aparentemente sem fundo de paciência, disposição para ouvir e capacidade aguçada para me ajudar a tomar decisões, assim como escrever sobre elas, você tem apoiado este conteúdo desde o primeiro dia. E, Dabney Rice, vejo suas contribuições significativas nos bastidores e agradeço sua dedicação.

Nada disso seria possível sem o Dr. Phil, que me incentivou, me ensinou e fez de mim um comandante melhor da minha vida. Sinto-me um felizardo por tê-lo como amigo. Robin McGraw, sempre fico impressionado com sua natureza introspectiva e intuitiva. Obrigado por me inspirar tanto e a todos que o conhecem. E agradeço a todos do "universo" do Dr. Phil, cada um de vocês, por terem sido incrivelmente generosos e amáveis. Carla Pennington, sou grato a você e sua equipe de produtores de alta qualidade por estabelecer um nível tão alto que me fez elevar meu próprio projeto e me obrigar a ser cada vez melhor.

Meu irmão David, que está sempre me lembrando que meu maior dom é ser quem eu sou. Meu pai, Ronald, você é um incrível incentivador e um sábio conselheiro. E minha mãe, Aina, você incutiu uma curiosidade permanente em mim. Sou muito grato a vocês.

Também gostaria de agradecer o incrível talento dos irmãos Hurtado: Nikko, por usar sua história para inspirar os outros e seu irmão, Mathew, por colaborar e criar todas as ilustrações do Decisão Poderosa.

Seti, você sempre me ajuda a valorizar a simplicidade e me lembra de minhas habilidades. Mike Piacentino, você me ajuda a processar as coisas e é sempre consistente — obrigado. E a todos cujas histórias aparecem nas páginas deste livro, agradeço por cederem seu tempo a mim e graciosamente terem me permitido contar suas histórias reais, verdadeiras. Suas contribuições são inestimáveis para mim. Quero mencionar a equipe interna do Coach Mike da Samson Motavassel, Tony Zuniga e Misty Foster. Vocês me acompanharam e me tornaram melhor. À minha equipe de liderança de saúde mental da CAST Centers, dirigida por Robert Lien, Mike Rizzo e Mardet Homans — vocês se apresentaram de formas tão maravilhosas enquanto eu estava trabalhando neste livro que sou mais grato do que vocês podem imaginar.

Obrigado, Lisa Clark, por me ajudar incansavelmente a dar vida a meus conceitos e articulá-los de forma real e prática, e por ser minha cobaia ao aplicar tantas ideias deste livro em sua própria vida.

E finalmente, deixando o melhor para o final, obrigado a todos que me contataram e partilharam como alguns aspectos do conteúdo que coloquei no universo ajudaram em suas vidas. Vocês são a razão pela qual faço tudo isso. Eu me sinto muito estimulado e inspirado pela vontade de vocês em me ouvir, aprender, se adaptar e se desenvolver. Sinto-me honrado por vocês terem se empenhado em seguir outra jornada de autoconhecimento por meio do Decisão Poderosa e espero, de verdade, que vocês criem a "vida melhor" que tanto merecem.

SUMÁRIO

PREFÁCIO   xi

INTRODUÇÃO   1

PARTE 1   BASES PARA UMA VIDA MELHOR

1. A DECISÃO DE SER O MELHOR DE MIM   9

2. OS QUATRO *Os*   33

3. VISUALIZANDO SUA "VIDA MELHOR"   61

PARTE 2   A FORÇA

4. A FORÇA QUE IMPULSIONA DECISÕES   83

5. ADIVINHAÇÃO OU APURAÇÃO DOS FATOS   105

6. SUPERGENERALIZAÇÃO OU PENSAMENTO OBJETIVO   131

7. MENTALIDADE RÍGIDA OU MENTALIDADE RELAXADA   155

8. PROPÓSITOS CONFUSOS OU PROPÓSITOS CLAROS   183

9. RACIOCÍNIO EMOCIONAL OU RACIOCÍNIO BASEADO EM EVIDÊNCIAS   211

PARTE 3 CRIANDO UMA VIDA MELHOR

10. SUA EQUIPE DE TOMADA DE DECISÃO 239

11. AGINDO DE FORMA AUTÊNTICA 261

NOTAS 289

PREFÁCIO

Decisão Poderosa. Duas palavras muito importantes e um conceito fundamental de Mike Bayer, que surgiu como um dos mais importantes líderes do pensamento da atualidade. Um colega e amigo verdadeiro, sincero e de confiança, Mike escreveu *Decisão Poderosa* para lhe auxiliar a moldar sua vida, de agora em diante e de modo consciente, para você ser quem deveria ser e, o mais importante, a fazê-lo deliberadamente.

Vivendo no "modo reativo", você pode não ter conhecimento na hora, mas se dedicar um tempo para desconstruir a evolução dos maiores componentes da sua vida — carreira, relacionamentos, onde mora, o que faz e sente, como trata os outros e permite que os outros o tratem — cada aspecto que o define pode ser rastreado na Decisão Poderosa.

Mike vive no "modo proativo" e está em uma missão totalmente centrada em desafiá-lo e guiá-lo para reconhecer, apreender, criar e maximizar a Decisão Poderosa em todas as áreas, em cada momento crítico de sua vida, para assegurar que você reivindique seu eu mais poderoso e autêntico.

Vencedores fazem coisas que os fracassados não querem fazer e Mike ainda não enfrentou um desafio que ele não estava disposto a vencer, principalmente por outra pessoa. Ele é um homem que se concentra em coisas que são importantes para as pessoas que se importam.

Você é o beneficiário final do espírito e da paixão de Mike em ajudar os outros, porque sei que este livro que está segurando é a chave para desbloquear o restante de sua vida de maneiras que nunca poderia ter imaginado.

Simplificando, *Decisão Poderosa* já começou a mudar sua vida. Sei que mudou a minha quando agi como sua musa no aperfeiçoamento do *Decisão Poderosa*. Ele mudará como você vive, sua trajetória, seu ritmo. Você sentirá como se estivesse em uma sala com alguém que não só o conhece, mas também sabe como ajudá-lo a se conhecer.

Com base em sua grande experiência como um "life coach" (ou "coaching de vida"; um nicho do coaching) altamente qualificado, e a partir de seu trabalho com milhares de pessoas em todas as esferas imagináveis da vida, de plebeus a princesas, você terá seu próprio "parceiro impresso" para criar um plano de ação que pode impedi-lo de viver mais um minuto, mais uma hora, mais um dia em uma vida que é menos do que merece.

Escolher este novo livro do meu amigo Mike Bayer será sua Decisão Poderosa consciente e intencional. Você ficará feliz em tomá-la.

Dr. Phil McGraw

INTRODUÇÃO

Quem você é?
Este é o maior desafio de todos,
mas também o melhor presente.

A decisão de ser autêntico é a mais importante de nossas vidas, mas não a tomamos somente uma vez; para continuarmos autênticos, temos que fazer isso sempre. Temos que rever o vínculo com nossa autenticidade todos os dias; caso contrário, corremos o risco de perder nosso controle sobre a vida. E, às vezes, temos que retornar a uma parte de nosso passado para nos sincronizarmos de novo com quem somos, principalmente quando esse passado estiver influenciando nossos sentimentos atuais.

A vulnerabilidade é um ingrediente importante na receita da autenticidade, e nunca é algo fácil. Ela não surge naturalmente a ninguém, por causa do risco em ser julgado. O que os outros vão pensar? O que os outros vão dizer? Você se preocupa que os outros o aceitem ou acha que é preciso fingir para obter aprovação? Essas questões não têm qualquer importância no grande esquema da vida. Ah, mas elas são traiçoeiras. Ficam espiando atrás das portas e começam a murmurar discretamente. Nós tentamos ignorá-las, mas o que temos que fazer é confrontá-las. Temos que dizer: "Eu não me importo! Não me importo com o que as pessoas pensam!" Mas ainda assim… é difícil. Eu compreendo.

No primeiro capítulo deste livro, pedirei que escreva as três decisões mais autênticas que já tomou em sua vida. Quero compartilhar com você as minhas três decisões:

SAIR DO ARMÁRIO

PERMANECER SÓBRIO

COMEÇAR MEU PRÓPRIO NEGÓCIO

Acredito que a Decisão Poderosa pode mudar a trajetória da sua vida.

Neste livro, eu o guiarei durante o processo para lhe assegurar que suas decisões sejam provenientes do seu eu verdadeiro, para que a trajetória também seja sua. Quero lhe passar um roteiro para que não se perca ao longo do caminho. Ficar perdido significa não ter uma carreira autêntica ou não estar em uma relação autêntica, e talvez signifique olhar ao redor e acreditar que todas as pessoas já descobriram e, portanto, deve haver algo errado com você. Então você recorre a drogas, álcool, ou assiste à televisão ou à pornografia sem parar, comendo o tempo todo, ou algo parecido. Tudo isso para lidar com a dor de viver uma vida incongruente e inautêntica.

O que tenho certeza é que precisamos deixar de lado o "você deveria". Temos que nos aceitar e não nos preocupar com o que os outros fazem ou qual poderá ser o resultado. Temos que ser quem nós somos verdadeiramente. Espero que, ao compartilhar minhas decisões com você, possa ajudá-lo a ver que não precisa se prender a nenhum "deveria" padrão em sua própria vida.

Ao ler este livro, meu objetivo é que você dê esse passo — viver verdadeiramente e ser você mesmo em todos os aspectos da vida.

Acredito que, se você ler este livro e tomar essa decisão importante para viver sua vida do jeito que você é, então ele terá sido um sucesso. Toda vez que você se vir diante de um novo desafio, quando tiver que decidir sobre um novo rumo ou quiser reinventar sua vida inteira ou somente parte dela, pode pegar este livro para se reconectar com sua autenticidade e assim começar a enxergar as oportunidades à sua volta. Você pode usá-lo como ferramenta para libertá-lo de uma mentalidade que o está impedindo de progredir ou para inspirá-lo a correr riscos, ser ousado e seguir seus instintos. Ele foi feito para lhe dar ânimo e um plano para tomar decisões com as quais possa se sentir bem e em paz; e também para ajudá-lo a descobrir a liberdade de "desapegar", de parar de se questionar e ter certeza de que, não importa o que decidir, você tem a liberdade de abrir mão do resultado.

Eu, por exemplo, já li inúmeros livros de autoajuda ao longo dos anos que me inspiraram e motivaram profundamente, mas apenas alguns me guiaram no trabalho necessário para explorar meus mecanismos internos e depois tomar uma atitude em direção à mudança. Sinto que terei feito meu trabalho como autor se você deixar este livro de lado porque tomou uma atitude. Não vamos somente ficar teorizando sobre sua vida. É por isso que este livro é diferente. Você tomará decisões verdadeiras, que o ajudarão a criar uma vida melhor. Saberá como elaborar um plano de ação que o levará de onde está para onde quer ir.

Todos temos definições específicas de como é uma "vida melhor", por isso exploraremos o que realmente importa para você, em sua essência. Este livro pode ajudá-lo, independentemente do que está tentando conquistar ou mudar em sua vida. Por exemplo, se quiser:

- encontrar seu propósito;

- melhorar sua saúde mental;

- ter melhores relacionamentos;

- ganhar mais dinheiro;

- melhorar sua saúde física;

- fortalecer sua vida espiritual.

Você pode ler todo este livro ou apenas alguns capítulos, mas só de começar — se o ganhou de alguém, se o comprou ou pegou emprestado em uma biblioteca — já está tomando a decisão de dar o primeiro passo. Trabalharei com você como seu life coach. E como tal, lhe dou tarefas, exercícios ou algum tipo de lição para fazer. Eu o guiarei e acho que você amará o quanto poderá descobrir sobre si mesmo no processo.

Então vamos lá. Vamos começar tomando decisões autênticas — assim você pode viver uma vida melhor a partir de hoje mesmo.

PARTE 1

BASES PARA UMA VIDA MELHOR

1

A DECISÃO DE SER O MELHOR DE MIM

Tem algo que todos nós, cada um de nós, fazemos, em média, cerca de 35 mil vezes por dia, em todos os segundos da nossa vida. Quando estamos felizes, tristes, cansados ou cheios de energia. Às vezes parece muito fácil e, às vezes, assemelha-se com pura agonia. É algo que fazemos quando estamos tentando conquistar o amor da nossa vida, ou nos afastar de alguém que *pensávamos* que fosse essa pessoa. Alguns o utilizam para ganhar muito dinheiro, e outros perdem tudo em consequência dele. Algumas pessoas gostam de fazê-lo sozinhas e outras esperam que terceiros ajam por elas. Com frequência o rotulamos como "bom" ou "mau". É instintivo, intuitivo, pode exigir muita atitude ou nenhuma.

Estou falando de *decisões*.

A maioria daquelas 35 mil decisões diárias não terá um grande impacto em nossas vidas; eu as chamo de decisões no piloto automático. Quando digo piloto automático, estou falando de coisas que todo ser humano precisa fazer. Fazemos escolhas para comer, ir dormir, quando ir ao banheiro. Obviamente, ao lidar com questões desse nível, é preciso resolvê-las antes de tudo, porque elas podem ameaçar sua capacidade de sobrevivência. Mas o que conversaremos neste livro é como tomar decisões conscientes, alinhadas com uma vida melhor. Afinal, sejamos francos: uma vida melhor não cai simplesmente em nosso colo.

Temos que criá-la! Temos que tomar uma atitude em sua direção.

Como life coach, trabalhei com milhares de clientes nos últimos 18 anos, cujas histórias e situações variam muito. Atuei com celebridades, empresários, corporações, indivíduos que moram nas ruas e pessoas comuns. Algumas tiveram dificuldades em suas vidas pessoais com relacionamentos, enquanto outras queriam ganhar duas vezes mais do que já ganhavam. Ajudei pessoas com salários de seis dígitos a se tornarem milionárias e ajudei milionários a simplificar suas vidas e se concentrar em suas famílias, não em suas finanças. Mas algo que percebi com certa frequência foi que as mudanças que precisavam ser feitas em suas vidas se reduziam a tomar *decisões autênticas*. Ou seja, tomar uma atitude em suas vidas que seja proveniente da sua verdadeira pessoa, aquela que habita o fundo de seu ser.

Este livro, em parte, tem a ver com o modo de tomar essa atitude — como tomar os tipos de decisões que podem colocá-lo em um caminho positivo na vida. Provavelmente, você toma muitas decisões todos os dias que poderiam determinar o curso de seu futuro. E o denominador comum em todas essas decisões é *você*. Por isso, quero que se conscientize não só do tipo de decisão que está tomando, mas do *que o está levando* a tomá-las. Por que tomamos decisões autossabotadoras? Por que não nos mantemos concentrados em nossos objetivos ou por que passamos anos lutando com padrões de pensamento? Se, por exemplo, eu tomo uma decisão para melhorar minha saúde, mas meu sistema de crenças diz que sou incapaz, terei que me esforçar muito mais. Não será inspirador, não será divertido, e parecerá trabalho.

É isto que faremos, juntos, neste livro: identificar o que é autêntico para você, ajudá-lo a se alinhar com essa autenticidade e, por fim, lhe auxiliar a tomar decisões a partir daí. Como resultado, acredito que você se sentirá melhor, conquistará mais do que deseja em sua vida e reduzirá aquilo que não quer.

Este livro fala sobre mudança de paradigma, o que acredito ser vital que façamos agora mesmo: quero que pare de pensar em tomar a melhor decisão para sua vida e, em vez disso, *tome a decisão com o Melhor de Si Mesmo*. Essa é sua Decisão Poderosa. E, até o fim deste capítulo, mostrarei por que ela é tão importante. Antes de prosseguir, quero compartilhar com você os quatro maiores princípios deste livro:

O PARADIGMA DA DECISÃO PODEROSA

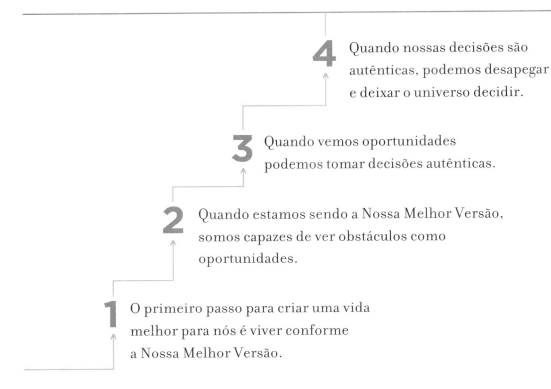

4 Quando nossas decisões são autênticas, podemos desapegar e deixar o universo decidir.

3 Quando vemos oportunidades podemos tomar decisões autênticas.

2 Quando estamos sendo a Nossa Melhor Versão, somos capazes de ver obstáculos como oportunidades.

1 O primeiro passo para criar uma vida melhor para nós é viver conforme a Nossa Melhor Versão.

Veremos muito os termos "o Melhor de Mim" e "eu autêntico" ao longo deste livro. Neles, o conceito não é nem negativo, nem positivo; é apenas *você*. Trata-se de estar alinhado com sua verdade. E, se acreditar na prática espiritual, então se trata de estar alinhado com ela também. Você é único. Você é original. Não há ninguém igual a você e nunca haverá. Trata-se de abraçar sua essência, sua alma, de estar no momento — o aqui e agora — com clareza.

Trata-se de como você existe e como se expressa.

AGORA, SE JÁ LEU *O MELHOR DE MIM: SEJA VOCÊ MESMO, MELHOR A CADA DIA*, ENTÃO:

A. Você é ótimo e estou feliz que tenha se interessado o bastante para comprar este livro.

B. Você, provavelmente, deve estar ciente dos exercícios do Melhor de Si Mesmo e do Antagonista, que estão nos primeiros dois capítulos. Quero fazer uma breve recapitulação daqueles exercícios, porque eles são a base do trabalho que faremos juntos. Mesmo que já tenha feito os exercícios, eu o incentivaria a refrescar a memória apenas porque eles podem ser muito úteis para conectá-lo com o seu eu autêntico.

Meu objetivo é trabalhar com você, leitor, da mesma forma que eu faria como life coach; na verdade, quase sempre uso esses mesmos exercícios com meus clientes e em minha própria vida, simplesmente porque são muito úteis. (É bom lembrar que os exercícios neste livro são adequados para qualquer idade e qualquer estilo de vida.) Também recomendo usar um diário, assim você terá mais espaço para escrever, e um marcador de texto ou caneta, para poder assinalar o que quiser. Em meu livro *O Melhor de Mim*, as pessoas me marcaram online, compartilhando fotos das seções do livro que assinalaram. Adoro ver isso. Você pode fazer o mesmo com este livro!

Criei os exercícios do Melhor de Si Mesmo/Antagonista no livro *O Melhor de Mim* para ajudá-lo a compreender quem você realmente é — seu eu autêntico e integral que leva para todas as áreas de sua vida. Assim como é importante identificar os aspectos que acha que são os mais representativos de quem você é — O Melhor de Si Mesmo —, é também muito importante estar familiarizado com os aspectos de si mesmo que não representam sua melhor versão. Ao fazer esse exercício, você conseguirá destacar os aspectos mais autênticos de si mesmo, um processo incrivelmente fortalecedor. Isso lhe permitirá descobrir quem você é em um nível profundo, em seu âmago. Conforme seguirmos com o livro, ele o ajudará a *agir* a partir desse ponto central.

As ideias do Melhor de Mim e do Antagonista foram inspiradas na metáfora de um anjo em um ombro e o diabo no outro. Queria explorar esse conceito (e tirá-lo de qualquer contexto religioso), porque acho que todos podemos nos relacionar com ele e todos já nos flagramos nos comportando em um extremo ou no outro. Com frequência falamos ou pensamos "eu não era eu mesmo" ou "não sei por que fiz aquilo", e isso geralmente quer dizer que o Antagonista estava no comando. O exercício do Antagonista o ajudará a identificar pensamentos, sentimentos e comportamentos que são o contrário do Melhor de Si Mesmo. É uma armadilha fácil de cair, nos apegarmos às nossas piores ideias sobre nós mesmos e presumir que esse é o nosso verdadeiro eu. Mas elas têm origem no nosso ego ou no nosso medo, e não são de forma alguma nosso autêntico eu. Essas percepções negativas são apenas histórias: elas podem ter surgido em sua infância, no modo como experimentou mágoa, dor e medo, ou de situações na vida (abuso emocional, negligência, trauma) que criaram uma perspectiva que o afasta de quem você realmente é.

Não é preciso fazer os exercícios do Melhor de Si Mesmo/Antagonista até o fim; eu lhe darei uma visão geral, assim compreenderá os conceitos básicos. Para o exercício do Melhor de Si Mesmo, primeiro é preciso dar um passo atrás e olhar de fora para si mesmo. Quando estamos em nossa melhor versão, nos sentimos alinhados com a vida e "operando em nosso melhor". Para mim, considero o Melhor de Mim sábio, equilibrado, criativo, espiritualizado, otimista, compassivo, divertido e inteligente. O Melhor de Mim não se altera por nada; ele é calmo e seguro. No livro *O Melhor de Mim*, depois de definir claramente os aspectos mais  autênticos de nós mesmos, criamos uma figura ou uma imagem que representa nossa melhor versão. A minha figura é um mago chamado Merlin. O escolhi porque, na minha concepção, magos são criativos e poderosamente brilhantes. Merlin é a representação de como me sinto quando estou alinhado com o que realmente sou. Ele é incrivelmente útil quando preciso viver com fé e quando estou lidando com alguma adversidade. A conexão com Merlin me ajuda a ser completamente sincero. Quem me dera poder me comportar como Merlin o tempo todo! Porém, como sabemos, a vida está constantemente em movimento e se transformando. Dessa forma, novos fatores de estresse e desafios podem nos abalar e nosso Antagonista pode ser ativado.

Mesmo quando a vida está indo bem, ainda lutamos, de vez em quando, com nosso ego, medo, ansiedade, estresse, depressão e raiva. Embora sejam batalhas reais, elas não são um aspecto autêntico de quem nós somos. Esses sentimentos acontecem conosco, mas eles *não nos representam*. Também compartilharei com você que um de meus Antagonistas (porque todos têm mais de um), chamado Angelos, sempre surge de alguma forma de medo. Às vezes, é medo de falhar, de não estar preparado ou por ter que enfrentar algum sentimento desconfortável. Quando Angelos está no comando, me vejo afastando as pessoas. Faço isso porque esse meu lado quer ser deixado sozinho, e em tal estado me sinto insuportável. Fico preso no problema, facilmente me irrito e me torno uma companhia desagradável, até mesmo para mim!

Como notará na ilustração, Angelos é um bruxo. Escolhi um bruxo porque, assim como o mago, essa figura da ficção é normalmente capaz de fazer magias, mas, no caso de Angelos, ele não pode conjurar nenhum feitiço.

O processo de criar nosso Antagonista é poderoso porque nos permite adicionar elementos de humor aos nossos aspectos que realmente não gostamos, e criamos uma nova energia em torno dele ao fazer isso. Com que frequência olhamos para esses aspectos de nós mesmos que abominamos, mas nos sentimos incapazes de mudar? Apenas presumimos que "é assim que nos conectamos", "somos iguais aos nossos pais" ou os atribuímos a algum outro elemento sobre o qual não temos nenhum controle. Contudo, quando criamos e concretizamos nosso Antagonista, subitamente temos uma ferramenta para trazer aqueles elementos de nós mesmos à vida para que então, de fato, os controlemos. Não somos mais escravos de nossas qualidades inferiores, não mais caímos como presas no comportamento de autossabotagem. Em vez disso, criamos uma caricatura daqueles elementos, nos dando um novo nível de consciência, e até mesmo poder, sobre eles; uma habilidade para observá-los com objetividade renovada e, dessa forma, conseguir reprimir essas tendências e decidir deixar nossa melhor versão assumir o controle.

Aqui está a importância e a razão pelas quais o Melhor de Mim/Antagonista é tão fundamental para tomar uma atitude e aprimorar nossas vidas: o Melhor de Mim é capaz de perceber oportunidades nas quais o Antagonista vê apenas obstáculos. Essas são características universais do Melhor de Mim e do Antagonista. Quando estamos sendo nossa melhor versão, acreditamos que, a despeito do quão ruins sejam as circunstâncias externas, ainda há oportunidades disponíveis para nós. Quando estamos nos comportando como Antagonista, ou em outras palavras, quando não estamos sendo autênticos, nos concentramos nos problemas e não conseguimos ver as possibilidades de crescimento. É assim também quando, apesar de não estarmos efetivamente em perigo, nossa reação é lutar, fugir, congelar ou apaziguar.

VOCÊ JÁ TOMOU DECISÕES AUTÊNTICAS NO PASSADO

Acho que este é um bom lugar para você começar a perceber que já tomou muitas decisões como o Melhor de Si Mesmo. Na introdução, compartilhei com você algumas das decisões que tomei com o Melhor de Mim. Agora, vamos passar um tempo observando as decisões passadas que acreditamos terem sido tomadas em seu melhor interesse e cujo resultado foi positivo. Com isso, você pode começar a atribuir essa boa qualidade das tomadas de decisão a si mesmo.

Relembrando sua vida até este momento, pense em três decisões suas que você categorizaria como tomadas pelo Melhor de Si Mesmo, que sentiu que estavam alinhadas com o que você é, mesmo se for apenas em retrospecto. Talvez tenha decidido ir para a faculdade e isso abriu grandes oportunidades em sua carreira. Ou talvez tenha se casado e sente que fez a coisa certa. Vou fazer uma pausa aqui para dizer que, mesmo que um casamento acabe, se você tirou algo positivo dele, ainda pode pensar nisso como uma boa decisão. Talvez tenha decidido não fazer alguma coisa e está muito feliz com essa escolha, porque ela poderia lhe ter sido prejudicial. Quando se aprofundar nessa questão, verá que há milhares de decisões que você tomou que devem tê-lo levado a uma vida melhor, e se quiser escrever mais do que três, por favor, escreva!

MINHAS MELHORES DECISÕES
ATÉ AGORA:

Ao tomar consciência e assumir o crédito por essas decisões autênticas que tomou no passado, você diz a seu cérebro que é capaz de tomar decisões com o Melhor de Si Mesmo. Para alguns, talvez se trate de escolher a integridade em vez do dinheiro. Para outros, seria escolher fazer terapia em vez de ignorar questões emocionais intensas. Talvez tenha passado por certas situações nas quais você decidiu não se corromper. Pode ser que tenha tomado a decisão de ficar sóbrio ou ajudar alguém a ficar sóbrio. Ou decidiu se casar com alguém — ou se divorciar de alguém. A questão é: vamos carregar sua bateria de tomada de decisões reconhecendo que você é capaz de fazer escolhas para sua vida que são de seu próprio interesse.

Se estiver sendo honesto consigo mesmo sobre as melhores decisões que anotou, é provável que olhe para essa lista e fique orgulhoso. Uma lista como essa ajuda a nos sentir melhor, porque podemos ver a verdade do que escolhemos e que nos levou a ter uma vida melhor. Considere todas as repercussões provenientes de cada uma dessas decisões; é fantástico! Isso porque, quando as tomou, você estava alinhado com seus valores e, com isso, gerou mudanças positivas em sua vida.

VOCÊ ESTÁ A UMA DECISÃO PODEROSA DE DISTÂNCIA

Entendo se você está atualmente vivendo na escuridão, ou se sentindo completamente sobrecarregado — tanto em nível pessoal quanto profissional. Talvez esteja em um momento que parece que seu mundo está desmoronando, ou as paredes se fechando à sua volta, e não sabe o que fazer em seguida. Talvez um relacionamento recente tenha chegado, inesperadamente, ao fim. Ou talvez um ente querido tenha falecido e ele era seu porto seguro. Pode ser a perda de um trabalho e você não tinha um plano B. Ou pode ser um diagnóstico; um declínio drástico de sua saúde. Ou, quem sabe, esteja muito deprimido. Se algo assim aconteceu em sua vida, e você está se sentindo consumido pela intensidade de tudo isso:

> Quero que saiba que você está a uma Decisão Poderosa de permitir que o universo lhe devolva a alegria de viver.

Seu primeiro passo, comum a todos nós e em todas as situações, é encontrar uma oportunidade. Acredito que, enquanto estivermos vivos e respirando, sempre haverá uma oportunidade em todo obstáculo que enfrentarmos. Independentemente do ponto onde você estiver começando, a jornada à frente apoia-se na esperança, na alegria e em se reconectar com o Melhor de Si Mesmo. Você merece ter paz e experimentar a felicidade em sua vida de novo, e chegará lá. Talvez ainda não consiga ver as oportunidades, mas tudo bem. O fato de ter decidido começar a ler este livro e ter se aberto às ideias contidas nele é um grande começo.

FICANDO ALINHADO

Passei mais de 18 anos da minha carreira ajudando as pessoas a tomar decisões autênticas. Ao fazer isso por meio de pesquisas obsessivas, sessões de coaching e introspecção, descobri uma verdade fundamental e universal: se estamos conectados com nossa espiritualidade, quando tomamos qualquer decisão temos infinitamente mais chances de que ela nos leve a uma vida melhor em vez do contrário. Quando falei sobre o universo decidir os resultados de nossas vidas, nesse contexto ele se refere às forças fora de nosso controle pessoal, seja o que for que você acredite que elas sejam.

Decisões que tomamos e que estão enraizadas em nossos valores e crenças autênticos são as que podemos olhar para trás, anos depois, e ver que foram elas que nos moldaram. Elas nos levaram a uma trajetória que nos parece certa, o caminho da vida que fomos feitos para percorrer. Se você for cristão — católico ou protestante, ou qualquer outra variação dessa fé —, então seu sistema de crenças pode se alinhar com o que Jesus faria, ou o que a Bíblia diria. Se for muçulmano, então suas crenças muito provavelmente serão baseadas nos ensinamentos do Alcorão. Se for judeu, então elas devem ser derivadas da Torá. E, se fizer parte do programa dos 12 passos, seu sistema de crenças pode incluir algo do que já foi dito acima, ou você pode acreditar em um poder superior ao qual não dá um nome. Talvez acredite em energia como no carma, ou adote algum outro sistema de crença espiritual que esteja alinhado com a forma que escolheu para existir neste mundo como o Melhor de Si Mesmo. Caso seja ateu ou diga que não tem nada espiritual a que se agarrar, eu o convidaria a pensar em sua espiritualidade como sua bússola moral, suas decisões do que é certo e errado, com a qual está alinhado seu sistema de valores e sua crença sobre o que é possível quando está sendo seu eu autêntico.

Independentemente disso, se você se conectar às suas crenças e práticas espirituais autênticas ao tomar decisões, terá maior clareza.

As decisões serão mais fáceis de tomar.

Vamos assumir um compromisso, enquanto trabalhamos com *Decisão Poderosa*, de trazer nossa prática espiritual. Como mencionei antes neste capítulo, o Melhor de Mim é um mago. Considero essa crença em mim mesmo como algo espiritual. Tenho uma visão tão clara desse "mago" dentro de mim que, quando preciso tomar uma decisão, posso facilmente chamá-lo e fazer isso de forma autêntica. Quero que você seja capaz de conseguir o mesmo. Escrevo livros com este objetivo: que você seja capaz de identificar vividamente os aspectos de si mesmo.

FASCINANDO-SE CONSIGO MESMO

É provável que você não se coloque na lista das cem pessoas mais fascinantes do mundo. Eu entendo. Ninguém se considera, realmente, tão fascinante ou intrigante. Mas você é! Vivemos conosco dia após dia, é como um chapéu velho. Então, pense como quiser: estou lhe dizendo que está na hora de se sentir fascinado por VOCÊ. Há tantas camadas em você e tantas razões interessantes do porquê faz o que faz. Você precisará aprender sobre todas elas para fazer o trabalho apresentado adiante neste livro.

Se está preocupado que isso o transformará em um monstro egocêntrico e convencido, não tenha medo. Há uma grande

(continua)

> diferença entre o que é chamado de transtorno da personalidade narcisista (TPN) e ser fascinado por si mesmo. Da mesma forma, há uma grande diferença entre ter ansiedade e ser diagnosticado com transtorno de ansiedade. Muito provavelmente, se está lendo isso, você não deve ter TPN — se tivesse, pensaria que já possui todas as respostas e não precisaria ler um livro de autoajuda!

Quando me tornei conselheiro de abuso de álcool e drogas, devo ter lido uma centena de livros no intuito de aprender tudo que precisasse para aconselhar os que estavam em recuperação. Depois fiz 880 horas de estágio, porque é quando se pratica o que aprendeu no mundo real. É semelhante ao processo para tirar a carteira de motorista: você aprende em sala de aula, estuda em casa e depois sai e pratica na rua. Agora mesmo, estou estudando a língua portuguesa (um idioma difícil de aprender!). Assisto à aula e depois tenho que praticar, ou começo a perder o conhecimento que ganhei. O que estou dizendo é que você deve ser uma esponja, para aprender sobre si mesmo e o mundo que o cerca, e depois colocar seu conhecimento em prática a fim de melhorar sua vida. O "saber" não é suficiente. É o saber *e* o fazer que o levarão aonde quer chegar.

Uma vez que eu o ajudarei a tomar decisões em sua vida que estejam baseadas em sua espiritualidade, quero que escreva, enquanto trabalha neste livro, uma coisa que pode fazer que o alinhará espiritualmente. O que você pode praticar que o fará se sentir espiritualmente alinhado? Não é algo recomendado por sua família ou outra pessoa, mas aquilo que repercute em *você*.

Essa parte pode ser muito fácil ou lhe trará dificuldades. Caso saiba a resposta imediatamente, ótimo! Se não, incluí uma lista de algumas práticas que você pode escolher. Marque sua resposta na lista a seguir.

LISTA DE PRÁTICAS ESPIRITUAIS COMUNS

- Meditar
- Orar
- Dizer ou criar um mantra
- Praticar respiração profunda
- Caminhar ou fazer trilha em meio à natureza
- Dançar
- Cantar
- Exercitar-se
- Criar uma lista de gratidão
- Fazer um exercício de visualização guiada

> A prática que faz eu me sentir alinhado com minha espiritualidade é:
>
> _____

A prática que escreveu provavelmente se desenvolverá à medida que trabalharmos juntos neste livro. A minha prática foi mudando com o tempo, é claro. A questão é tentar coisas um pouco diferentes até descobrir aquilo que tranquiliza sua mente e permite que seu espírito assuma a liderança.

O MOMENTO DA DECISÃO PODEROSA DE NIKKO

Acredito tanto no Melhor de Mim que o tatuei no braço como um lembrete constante. Caso não saiba, tatuagens são experiências íntimas, porque você passa muito tempo com o tatuador. O artista que fez minha tatuagem é Nikko Hurtado, e adorei tê-lo conhecido durante o processo de colocar Merlin no braço. Ele é muito apaixonado por sua forma de arte e, como milhões o seguem nas mídias sociais e sua arte está em exposição no Museu da Cultura Pop, seu

dom singular repercute nas pessoas. Nikko partilhou comigo uma das decisões autênticas que tomou em sua vida, e estou animado para dividi-la agora com você. Aqui está sua história.

Quando Nikko tinha 12 anos de idade, foi morar com sua avó Lucy e diz que foi criado por ela. Ele se lembra da avó como "um anjo" que acolhia pessoas que precisavam de cuidado sem questionar, inclusive dois de seus netos que ela criou. Sua porta estava sempre aberta para a família e amigos que precisavam de ajuda.

Nikko e sua avó tinham um vínculo especial. Eles se entendiam, e ela estava sempre o encorajando. Ele diz que ela foi a melhor amiga que teve. Nikko tentou ficar na escola, mas tinha uma paixão pela arte que começou quando era bem novo e Lucy o incentivava. Ele logo começou a ter aulas no Pasadena ArtCenter com um bom amigo. Mas Nikko tinha um jeito rebelde e, em vez de completar o ensino médio, conseguiu emprego em uma construção e desistiu da arte. Lucy sempre o apoiava e nunca o pressionava, dando a Nikko o espaço que precisava para descobrir seu próprio caminho.

Um amigo de Nikko, que também frequentava o curso de artes, logo abriu um estúdio de tatuagem. Nikko foi visitá-lo e o amigo perguntou se ele já tinha pensado em ser tatuador. Ele não tinha considerado essa ideia, mas ficou intrigado. O amigo lhe ofereceu um estágio no estúdio. Nikko deixou seu emprego na construção e começou no estúdio no dia seguinte. Ele disse: "Minha vida mudou naquele momento. Senti que a tatuagem meio que me escolheu. Sabia que tinha nascido para fazer isso."

Na época, Nikko e sua família moravam em um bairro de classe média baixa e viviam modestamente. Isso até sua avó ganhar US\$6,2 milhões na loteria da Califórnia. Como você pode imaginar, isso mudou drasticamente a dinâmica familiar, e não foi para melhor. Todos queriam uma parcela do prêmio. Com o tempo, a família se dividiu. Quando Lucy faleceu, alguns anos depois, houve uma batalha legal terrível pelo dinheiro que restara. A mãe de Nikko era a responsável pelo fundo, mas os demais familiares contestaram, ganharam a causa e a deixaram sem ter onde morar. Eles literalmente a jogaram na rua.

Nessa época, Nikko já tinha aberto seu próprio estúdio de tatuagem e os negócios estavam indo bem. Embora ele tivesse tido um relacionamento tenso com a mãe a maior parte de sua vida, alugou um apartamento para ela e trouxe seus irmãos para sua empresa. A respeito de sua mãe, ele disse: "Tentei melhorar nosso relacionamento, porque mãe só existe uma. No fim, sei que todos estão fazendo o melhor que podem, inclusive ela."

Ele não quis saber do prêmio da loteria ou dos membros de sua família que lutavam gananciosamente por ele, então tomou a Decisão Poderosa de se afastar de tudo isso. Ao ser fiel ao Melhor de Si, Nikko disse que escolheu a integridade em vez do dinheiro. Ele acredita que essa decisão (tanto quanto seu anjo da guarda, Lucy) é a razão pela qual seu negócio e sua vida têm sido abençoados. Ele não tinha plano B, nada a que recorrer, mas sabia em seu coração que estava fazendo tudo dar certo. Ele disse: "Nunca quis estar em uma situação em que tivesse que depender do dinheiro de alguém, como minha família fez."

Perguntei o que aconteceu com os membros da família que tinham brigado tanto para ter o prêmio. Ele balançou a cabeça e disse: "É muito triste. Estão todos definhando agora. E a ironia é que, no final, os advogados ficaram com todo o dinheiro. Cada centavo."

Hoje, Nikko cuida de seu negócio e de todos os aspectos de sua vida com o Melhor de Si. Ele aprendeu algumas lições preciosas em sua jornada até aqui. Na condição de pioneiro na área do realismo na arte da tatuagem, atrai para si muita atenção, algo comum a qualquer pessoa que cause um impacto semelhante. Quando ele começou realmente a ser conhecido nessa atividade pelas imagens que estava criando, um colega artista, Guy Aitchison, chamou-o de lado para uma conversa. É assim que Nikko se recorda: "Bebia e me divertia como um animal. Era superarrogante, estava só vivendo e achava que ninguém prestava atenção. Mas, quando estava com 25 anos de idade, Guy me falou que era preciso tomar cuidado com o que fazia, porque eu servia de exemplo. Não entendi o que ele queria dizer até que vi alguém da nossa comunidade agindo da mesma forma que eu, e essa pessoa me disse que queria 'ser como eu'. Isso realmente me tocou e vi o efeito negativo que poderia causar. Não queria isso, então, conscientemente, decidi parar de beber e fumar a partir daquele momento. De fato pretendi passar a ser uma influência positiva para os outros."

Nikko agora diz que tatuagem não é sua forma de arte primária. Ele acredita que sua verdadeira arte é inspirar os outros. Essa é sua vocação. Ele se lembra de dizer à namorada do ensino médio — que hoje é sua esposa —, quando tinham 15 anos de idade, que ele seria grande de alguma forma. Ela dizia: "Mas no quê? O que você vai ser?" Ele respondia: "Não sei, é um pressentimento." Mas então ele foi para escola e os outros garotos o atormentavam e o chamavam de fracassado. "Alguém disse para mim 'O que você vai ser, um tatuador?' Era para ser algo ofensivo. Bem, veja só! Agora tenho dois estúdios e meu negócio é um sucesso, isso porque nunca deixei que aquelas palavras, aqueles rótulos, determinassem o rumo da minha vida. Em vez disso, deixei que me inspirassem. Sabe, deixe as pessoas serem seus fãs mesmo se estiverem tentando derrubá-lo. A maior recompensa é decidir não ficar bravo com elas, mas, ao contrário, dar um passo em frente, tomar uma atitude. Agora posso olhar para trás e dizer obrigado àquelas pessoas. Não importa como o rotulem. É o que você *escolhe* ser que importa."

Quando seu irmão mais novo tinha 16 anos e trabalhava na Target, uma conhecida loja de departamentos norte-americana, Nikko queria que ele tivesse uma habilidade que pudesse usar, assim ele também poderia ter uma vida melhor. Ele se ofereceu para ensiná-lo a desenhar. Perguntei se ele realmente podia ensinar alguém a ser um artista, e ele disse: "A maneira mais simples de colocar essa questão é: qualquer um pode aprender a jogar basquetebol. Mas há alguns talentos que são inatos. Podemos aprender os aspectos técnicos, as 'regras' e então podemos jogar muito bem, mas nem todos podem ser um Michael Jordan. Arte é linguagem visual. Assim como você pode aprender a falar francês, pode aprender a desenhar. Você só tem que aprender a ler, compreender o que está à sua frente e começar da estaca zero." Foi isso o que ele fez por seu irmão, que hoje é um artista tatuador fantástico por mérito próprio.

Não há dúvida de que Nikko tomou decisões com base em como ele percebe a vida e quem ele é no mundo, que o fizeram manter-se na trilha que ele acreditava que deveria percorrer. Mas estava curioso para saber se arrependimentos tinham algo a ver com suas tomadas de decisão. Quando toquei no assunto, ele me disse: "Tive um amigo que pediu para fazermos uma tatuagem igual e, por algum motivo, disse não. Mas ele acabou falecendo. Você não se arrepende de coisas que faz, e sim do que não faz. Assim, embora ele já tivesse falecido, alguns amigos e eu fizemos a tatuagem — âncoras negras. Era uma espécie de símbolo de tatuagem tradicional — faz você pensar em marinheiros indo de porto em porto. Costumava me sentir assim, como um marinheiro viajando o mundo e fazendo o que sei, vivendo do jeito que queria, indo para onde o mar me levasse. A tatuagem me manteve centrado: é um lembrete constante da família e dos amigos. Quando as fizemos, prometemos que traríamos os outros de volta à realidade se alguma vez nos perdêssemos."

Quando jovem, Nikko sempre dizia para a avó que queria uma filha e a chamaria de Lucy em sua homenagem, mesmo ela dizendo para ele não fazer isso: era humilde demais para concordar com essa ideia. Mas ele fez o que dissera, e hoje sua linda filha é um lembrete diário da abnegação e do amor incondicional consistentemente demonstrado por sua avó.

Nikko acredita que todos têm algo dentro de si que eles sabem que deveriam fazer: "Esse é o objetivo da vida. Por não fazer o que todos diziam, tenho uma vida melhor, porque não segui o sistema. Não me comportei da maneira que a maioria da minha família escolheu. Não aceitei como me rotularam. Tomei minha própria decisão. E nunca olhei para trás."

A história de Nikko é muito inspiradora para mim. Ela exemplifica muito do que vamos conversar neste livro, permitindo principalmente que nossa melhor versão nos guie em nossa tomada de decisão. A verdade é que você já deixou que o Melhor de Si Mesmo fosse seu guia em tomadas de decisão no passado. Muitas vezes. Como você descobriu anteriormente neste capítulo, você já tomou decisões no passado vindas de um lugar autêntico e espiritualmente conduzido lá de dentro de você. Talvez tenha sido por acidente, ou talvez houvesse uma intenção em torno delas. Você já se viu fazendo isso antes e o fará novamente, mas agora com mais conhecimento e intenção.

O que pretendo fazer é ajudá-lo a criar seu próprio método específico de tomada de decisões que contribua positivamente em sua vida. Vamos explorar seus aspectos singulares para colocar seu poder de tomada de decisão firmemente em suas mãos.

2

OS QUATRO Os

Você já se sentiu totalmente preso, incapaz de fazer uma mudança, porque estava sobrecarregado pelas possibilidades? Alguma vez já se perguntou por que certas coisas ficam em seu caminho, impedindo-o de criar mais paz, amor ou sucesso em sua vida? Por que parece que você acaba sendo facilmente levado por um problema e tomando decisões que não são as melhores diante do que queria? Você já tomou uma decisão que sabia que, lá no fundo, não combinava com quem você realmente é? Neste capítulo, daremos uma olhada em como você está deixando os problemas — ou, nesse caso, os obstáculos — atrapalharem a maneira como realmente quer viver sua vida.

Como já discutimos, seu primeiro passo é definir o Melhor de Si Mesmo. Uma vez tendo essa percepção do seu eu autêntico, o próximo passo é visualizar sua vida por essa ótica, ou essas lentes, de quem você verdadeiramente é. Temos que resolver problemas todos os dias; essa é a natureza da vida. Temos que nos comprometer todos os dias. Você ainda pode ser autêntico e comprometido.

> Você pode ser autêntico e, ainda assim,
> discordar de alguém.

Acredito que uma das maiores questões que nos mantêm indecisos, ou em um padrão de decisões que não é o melhor para nós, é que tendemos a ficar muito concentrados no resultado desejado. Deixamos que ele assuma o comando. Aqui, quero nos trazer de volta ao nosso Paradigma da Decisão Poderosa:

O PARADIGMA DA DECISÃO PODEROSA

1. O primeiro passo para criar uma vida melhor é viver conforme o Melhor de Mim.

2. Quando estamos sendo o melhor de nós mesmos, somos capazes de ver obstáculos como oportunidades.

3. Quando vemos oportunidades, podemos tomar decisões autênticas.

4. Quando nossas decisões são autênticas, podemos desapegar e deixar o universo decidir.

Nesse paradigma, o resultado tem que vir por último. O resultado de suas decisões não o define; por não podermos realmente ter controle sobre ele, simplesmente não faz sentido que desempenhe qualquer papel em sua autêntica tomada de decisão. Quando há um problema, podemos torná-lo uma oportunidade, nos sentimos melhor e isso nos permite tomar as decisões que são melhores para nossas vidas. Portanto, seja qual for o resultado, ainda nos sentiremos bem.

Defino sucesso como ser nós mesmos. É isso! Para que teríamos sido criados como nós mesmos se estivéssemos destinados a ser como outros? Não fomos criados para agradar as pessoas. Somos quem somos, e ficaremos mais felizes e mais completos em nossas vidas quando estivermos vivendo como essa pessoa.

Acredito que todas as decisões que tomamos ao longo de cada dia podem nos levar em direção a uma vida melhor ou nos *afastar* dela. Independentemente do quão "grande" ou "pequena" a decisão possa parecer na superfície, todas têm potencial de aperfeiçoar nossa vida se forem tomadas com nossa melhor versão. Esse é o ponto crucial do porquê é de nosso grande interesse aprender como estamos vendo nossa vida, para então começar a tomar decisões autênticas.

Nunca sabemos qual decisão aparentemente insignificante pode nos levar a um caminho totalmente novo, em direção a algo incrível que nem podemos imaginar. Do mesmo modo, quase sempre colocamos muita pressão em nós mesmos para tomar o que pensamos ser uma decisão enorme, que pode até mesmo mudar nossas vidas, e depois descobrimos que ela não tem o impacto que esperávamos. Visto que não podemos prever o resultado de qualquer decisão que tomamos, é preciso garantir que ela seja abordada com a nossa melhor versão. E, agora mesmo, mostrarei como você pode fazer isso utilizando o poder de algo que chamo de os Quatro Os (em inglês: OBSTACLE, OPPORTUNITY, ONE DECISION, OUTCOME).

OBSTÁCULO

OPORTUNIDADE

DECISÃO PODEROSA

RESULTADO

OBSTÁCULO

OBSTÁCULO: algo que percebemos como um bloqueio do nosso caminho, impedindo ou dificultando nosso progresso.

O modo pelo qual percebemos uma pessoa, um lugar ou algo determinará quais escolhas faremos. Quando vemos um problema como algo insolúvel, nós o encaramos como um obstáculo.

Imagine uns óculos de sol. As lentes filtram a luz de uma determinada forma, para que nossos olhos fiquem protegidos quando estamos expostos à luz brilhante do sol. Algumas lentes mudam a cor da luz; por exemplo, as azuis fazem tudo o que olhamos parecer ter uma coloração azul. Imagine-se colocando uns óculos com lentes de "obstáculos". Da mesma forma que lentes azuis deixam tudo azul, as de obstáculo fazem tudo na vida parecer uma barreira. Por meio dessas lentes, não podemos ver nada além daquilo que temos de resolver, superar ou permitir que nos detenha completamente.

Qualquer problema reconhecido seguirá assim se olharmos para ele como um obstáculo. Além disso, uma barreira não nos faz *sentir* bem, e sim nos sentir mal de inúmeras formas.

● Quando estamos vendo algo como obstáculo, tendemos a:

- Nos culpar.
- Dar desculpas.
- Reclamar.
- Sentir pena de nós mesmos (mentalidade de vítima).
- Ficar inerte.

- Não perdoar a nós mesmos ou aos outros.

- Ser obsessivo.

- Sentir medo.

- Sentir insegurança.

- Nos sentir estressados ou ansiosos.

- Nos sentir deprimidos.

- Nos sentir sozinhos.

- Nos sentir ressentidos.

- Nos justificar.

DE VÍTIMA A VITORIOSO

Se você culpa pessoas, lugares ou coisas por algo que não está indo bem em alguma área de sua vida atualmente, está na hora de parar de bancar a vítima e ser um vitorioso. Pode ser que você tenha sido vítima de alguns eventos infelizes. Quando isso ocorre, se nos permitirmos continuar como vítimas, estamos delegando poder para a pessoa, o lugar ou algo que não nos está sendo útil. Quando somos vitoriosos, tomamos nosso poder de volta. É um poder dentro de nós mesmos que é uma escolha, uma decisão.

A razão pela qual é tão imperativo ter essa mentalidade sob controle agora é a necessidade de ter a clareza de que não estamos tomando nenhuma decisão por rancor ou por agressividade passiva. Todos nós já tivemos essa mentalidade de vítima de alguma forma em algum ponto de nossas vidas, e quase sempre porque estamos procurando uma causa justa para algo que não está indo bem em nossas vidas.

Queremos olhar para fora de nós, acusar outra pessoa por não nos proteger ou ajudar, ou por nos enganar ou magoar. Mas agora você está neste momento incrível no qual pode exercitar seu poder de mudar sua vida para melhor, e não quero que deixe a mentalidade de vítima roubar essa oportunidade de você.

Assim, ao pensar sobre as decisões que está tomando hoje, pergunte a si mesmo se há algum lado seu que as faz movido pela raiva que sente de alguém, ou em função de algo circunstancial. Para ter uma ideia melhor, caso esteja abordando quaisquer decisões atuais com a mentalidade de vítima, dê uma olhada no quadro a seguir. Seu pensamento cai na coluna "Mentalidade de Vítima" ou na coluna "Mentalidade de Vitorioso"?

MENTALIDADE DE VÍTIMA	MENTALIDADE DE VITORIOSO
Culpar os outros por suas emoções.	Ter habilidade de controlar suas emoções.
Pensamento pessimista ou cínico.	Estar voltado para a oportunidade/otimista.
Achar coisas para reclamar mesmo quando tudo está indo bem.	Encontrar o lado bom e expressar gratidão mesmo quando as coisas dão errado.
Achar que a vida está contra você.	Saber que o universo está do seu lado.

(continua)

MENTALIDADE DE VÍTIMA	MENTALIDADE DE VITORIOSO
Sentir-se impotente ou incapaz.	Encontrar as ferramentas que precisa para lidar com qualquer necessidade.
Cair no desânimo.	Acreditar em si mesmo, agir com o Melhor de Si Mesmo.
Precisar da simpatia dos outros.	Ser gentil e compassivo consigo mesmo e com os outros.
Dizer/pensar no "você" como "você fez eu me sentir mal" ou "você fez isso comigo".	Substituir "você" por "eu" e assumir sua parte no que acontecer, seja isso bom ou ruim.
Sentir pena de si mesmo e parecer gostar disso.	Sentir orgulho de suas habilidades e reconhecer seus pontos positivos.

Caso não seja controlada, a mentalidade de vítima pode facilmente formar ressentimentos profundos, muito prejudiciais ao nosso bem-estar geral. Caso você se encontre vivendo em um estado de ressentimento devido a algo que lhe aconteceu, reconheço que pode ser uma parede difícil de escalar, mas sei, com certeza, que é possível.

OPORTUNIDADE

OPORTUNIDADE: conjunto de circunstâncias que torna *possível* fazer alguma coisa.

Oportunidade é a lente que nos permite ver a possibilidade. Quando olhamos para a vida por meio da lente de oportunidades, subitamente conseguimos notar as chances de crescimento, aprendizado, descobrir algo novo, mudar de direção, experimentar novas habilidades, e assim por diante. Essas oportunidades estavam completamente invisíveis para nós por conta da lente de obstáculos. Você deve estar pensando: "Isso não é só mais uma versão de 'olhar o mundo com óculos cor de rosa'"? A diferença é que os óculos cor de rosa mudam nossa percepção apenas temporariamente, enquanto a lente da oportunidade nos leva a tomar uma decisão e acompanhá-la com ação. A verdade é que, dentro de todo obstáculo que aparece em nosso caminho, há uma infinidade de oportunidades que podemos aproveitar; simplesmente, temos que estar dispostos a olhar para elas por meio da lente da oportunidade.

Estar na mentalidade de oportunidade é melhor para nós. Ela parece autêntica para nós por que, lembre-se, o Melhor de Si Mesmo, o eu mais autêntico, é composto apenas de atributos positivos. Então, quando estamos presos no obstáculo, não estamos na nossa melhor versão. Mas mudar para a mentalidade de oportunidade é uma forma rápida de reconexão com a nossa autenticidade.

- Quando consideramos algo como uma oportunidade, tendemos a:

  - Ser otimistas.
  - Pensar em uma solução de forma orientada.
  - Nos sentir melhor emocional e mentalmente.
  - Aceitar responsabilidades.
  - Pensar de forma inovadora.
  - Aprender algo novo.
  - Crescer como ser humano.

OBSTÁCULO VERSUS OPORTUNIDADE — EXEMPLO

A seguir, apresento um determinado cenário. Vamos caminhar por ele primeiro como obstáculo e depois como oportunidade, e discutir a Decisão Poderosa que você poderia tomar em cada um. Digamos que você se aposentou há alguns anos e agora esteja em tempos difíceis financeiramente.

Pela perspectiva do obstáculo, você poderia pensar:

- Não estou qualificado para me reintegrar ao mercado de trabalho.

- Nunca poderei me sustentar com o tipo de trabalho que conseguiria.

- Não gostava de trabalhar mesmo quando o fazia em tempo integral; definitivamente não gostarei desta vez. Só sei fazer uma coisa, e não há vagas de emprego na área no momento.

- Estou tão bravo comigo mesmo por deixar isso acontecer e devastado por ter que abandonar minha aposentadoria.

Entretanto, pela perspectiva da oportunidade, você poderia pensar:

- Se pesquisar um pouco, poderei descobrir opções de trabalho para minha faixa etária.

- Quem sabe — talvez até me divirta mais do que na minha carreira anterior!

- Vou apenas seguir o fluxo e procurar um emprego, talvez faça novos amigos pelo caminho.

- Na verdade, fico animado ao pensar que poderia aprender algo novo.

(continua)

Quando olhamos para situações do tipo precisar voltar ao trabalho como um obstáculo, fica evidente que essa postura não nos leva a lugar nenhum que valha a pena. Isso nos faz sentir mal, com pena de nós mesmos. Cria uma energia negativa que pode afetar o resto do dia e, talvez, vários aspectos da vida. E o pior de tudo é que essa perspectiva negativa pode nos impedir de agir.

No entanto, você pode perceber que olhar para elas através das lentes de oportunidade gera uma energia nova e renovada. Abre nossos olhos para as possibilidades, para novas direções. E nos ajuda a seguir em frente como nossa melhor versão, em vez de ficar presos na negatividade. Quanto mais podemos ver oportunidades em vez de obstáculos, mais podemos aproveitar e melhorar nossas vidas.

DECISÃO PODEROSA

DECISÃO PODEROSA: uma conclusão ou resolução alcançada a partir do Melhor de Si Mesmo.

Uma vez tendo escolhido ver algo como uma oportunidade, explorado as possibilidades e as alinhado com o Melhor de Mim, está na hora de tomar a Decisão Poderosa. Segui-la exigirá tomar muitas "decisões conjuntas", as quais a fortalecerão e a sustentarão, fazendo com que ela se torne realidade.

DECISÃO PODEROSA COMO OBSTÁCULO VERSUS OPORTUNIDADE

Vamos continuar o exemplo da necessidade de voltar a trabalhar e ver que tipo de Decisão Poderosa você poderia tomar, com base na perspectiva do obstáculo ou da oportunidade.

Na perspectiva do obstáculo, você pode decidir:

- Entrar em negação e indecisão, deixando a condição financeira piorar a ponto de se tornar insustentável.
- Limitar-se a procurar somente um tipo de trabalho que não o satisfaz.
- Ter uma atitude ruim em quaisquer entrevistas de emprego realizadas e, como consequência, ser rejeitado.
- Voltar-se para o comportamento de autossabotagem ou de entorpecimento para bloquear a realidade.
- Ficar deprimido e começar a se afastar dos outros, isolando-se.

Na perspectiva da oportunidade, você pode decidir:

- Pedir para sua família ajudá-lo a buscar as ideias de trabalho mais certas para você.
- Tentar conversar com as pessoas em todos os lugares que você frequenta regularmente e deixá-las saber que está buscando emprego, podendo assim começar sua rede de relacionamento profissional.
- Praticar suas habilidades de entrevista por uma hora todos os dias.
- Atualizar seu currículo.
- Candidatar-se para empregos online.

(continua)

- Começar a aprender novas habilidades que lhe interessem.

- Passar algum tempo na prática espiritual que desejar, para se reconectar mais profundamente com sua espiritualidade à medida que segue adiante nesse novo rumo na vida.

Como pode ver, a Decisão Poderosa à qual chegará difere consideravelmente dependendo de como você a aborda — como obstáculo ou como oportunidade. Não é incrível o que pode acontecer com uma simples mudança de perspectiva?

RESULTADO

RESULTADO: a maneira como algo se revela, uma consequência sobre a qual não temos controle de fato.

Podemos controlar a Decisão Poderosa que tomarmos. Porém, uma vez feito isso, é preciso nos desapegarmos dela porque, a partir desse ponto, o *universo decide* o resultado.

Não é possível prever resultados, não importa o quanto se tente fazê-lo. Mesmo julgando que a decisão tomada está totalmente certa e foi originada do Melhor de Mim, o resultado ainda pode vir a ser algo totalmente inesperado. O objetivo é sentir-se bem com ela, independentemente do resultado. Quando mudamos, nossas decisões também mudam. Vale ressaltar que, quando nos comportamos como a nossa melhor versão, não temos dúvidas e não pensamos mais tarde que *deveríamos* ter lidado com a situação de forma diferente.

De fato, penso que a palavra "deveria" é uma maldição. "Deveria" é muito perigoso. Por quê? Bem, pense em todas as vezes que usou essa palavra em uma frase, seja ela dita em voz alta ou só na mente. É muito raro ela ser usada para melhorar nossas vidas. Quando nos concentramos em algo que "deveríamos" ter feito, estamos olhando para o passado por meio de um prisma de arrependimento. Estamos insinuando que fizemos algo de errado. Conheci diversas pessoas que ficaram presas no passado, e toda vez que a vida lhes trazia algo inesperado, imediatamente olhavam para trás e diziam: "Deveria ter feito isto ou aquilo." E quase sempre dizemos para os outros — "você deveria ter feito isto" ou "você deveria fazer isto em vez do que fez". Alguma vez isso acabou bem? Não. Isso só as deixou infelizes, e a nós também. Portanto, conforme avançamos nesse processo, tenha sempre em mente que não há absolutamente nenhum espaço para o "deveria" nessa jornada.

Em vez de ficarmos presos na espiral do "deveria", podemos ter paz com a escolha que fizemos, pois confiamos na orientação de nossa autenticidade e escolhemos ver todas as oportunidades à nossa frente para tomarmos uma decisão. Estaremos mais preparados para o resultado final. Independentemente do resultado que o universo decidir que seja, sempre nos sentimos melhor se escolhermos ver a vida como uma oportunidade.

Há muita liberdade dentro dos Quatro *O*s. Você:

- Ficará livre do medo de tomar uma decisão errada.

- Ficará livre dos ciclos de indecisão.

- Ficará livre do arrependimento por ter tomado uma decisão errada.

Compreender esses conceitos e as forças impulsionadoras por trás deles pode lhe dar a capacidade de fazer escolhas confiáveis e que sejam melhores para você.

EXPERIMENTE UNS ÓCULOS NOVOS

Agora, vamos testar esses conceitos com um exemplo específico. Você pode pensar que está experimentando novos óculos escuros. O primeiro colore tudo em sua área de visão como um obstáculo.

Digamos que você queira perder peso. Se está vendo isso como um obstáculo, então como se sentiria?

OBSTÁCULO: QUERO PERDER PESO, MAS EU...

- Não tenho tempo de pesquisar a dieta correta.

- Não tenho dinheiro para pagar um personal trainer ou um nutricionista.

- Não consegui perder peso no passado, então isso quer dizer que não sou capaz.

Como se sente com isso? Nada bem, certo? Você fica em um beco sem saída com a ótica do obstáculo. Não há para onde ir com essas afirmações ou crenças.

Agora, com base nessa ótica do obstáculo, que tipo de decisão você acabaria tomando?

OBSTÁCULO: QUERO PERDER PESO, MAS EU...

- Não faço nada, porque é muito difícil.

- Reclamo da grande quantidade de peso que preciso perder.

- Desejo que as circunstâncias fossem diferentes.

- Acabo me punindo por isso.

Você pode notar que nenhuma dessas decisões o levam a perder peso. Olhar pela ótica do obstáculo é extremamente limitante.

Agora vamos tentar olhar para seu desejo de perder peso como uma oportunidade. Coloque seus respectivos óculos e perceba as diferenças.

OPORTUNIDADE: QUERO PERDER PESO. EU...

- Posso conversar com amigos que tiveram sucesso em perder peso para ver como fizeram.

- Posso começar atividades livres e até gostar.

- Posso pesquisar pequenas mudanças para alterar meus hábitos diários.

- Posso manter uma perspectiva positiva.

Essa forma de ver abre muito mais possibilidades. A ótica do obstáculo é como enxergar por um túnel. Não nos permite ver nada além de barreiras. Mas, quando simplesmente escolhemos ver pela ótica da oportunidade, um novo mundo de possibilidades se abre para nós.

Que tipo de decisão você pode tomar ao ver seu desejo de perder peso pela ótica da oportunidade?

OPORTUNIDADE: QUERO PERDER PESO, POR ISSO VOU...

- Comer somente entre 8h e 19h.

- Comer mais verduras, legumes e frutas, além de cortar bebidas com açúcar.

- Fazer caminhadas diárias.

- Conversar com amigos que passaram por uma experiência semelhante.

DECISÃO PODEROSA

Chegou a sua vez. Primeiro, escreva algo que está tentando mudar em sua vida. Talvez seja um problema ou alguma coisa que queira ter mais em sua vida. Seja o que for, escreva aqui:

_____

_____

_____

_____

_____

Agora, escreva como se sente com relação a isso quando olha pela ótica do **obstáculo**:

_____

_____

_____

_____

_____

Agora, qual a **decisão** que tomou ou poderia ter tomado se tivesse escolhido ver pela ótica do obstáculo?

_____

_____

_____

_____

_____

Certo, agora olharemos pela ótica da **oportunidade**. Como você se sente quando vê a situação dessa forma?

_____

_____

_____

_____

_____

Agora, qual **decisão** você pode tomar ao escolher ver pela ótica da oportunidade?

_____

_____

_____

_____

_____

É importante observar que isso pode ser fácil para você, ou pode deixá-lo perplexo. Caso seja o último, não se preocupe. Na parte 2 deste livro, vamos nos aprofundar e mergulhar nas FORÇAS que podem estar mantendo você preso a essa ótica de obstáculo, impedindo que enxergue as oportunidades. Elas podem facilmente tornar-se padrões. Trabalharemos juntos para erradicá-los e colocá-los no modo oportunidade.

AJUDA DOS OUTROS

Todos nós precisamos de uma pequena ajuda dos outros na hora de tomar decisões autênticas. Mais à frente neste livro, conversaremos sobre como criar sua equipe de Decisão Poderosa, que tem o objetivo de ajudá-lo a tomar decisões com o Melhor de Si Mesmo. Uma equipe sólida o ajudará a agir e o apoiará, não importa o resultado. Mostrarei como montá-la, assim você saberá exatamente a quem deve recorrer para pedir ajuda.

USANDO A FORÇA PARA MUDAR DE OBSTÁCULO PARA OPORTUNIDADE

É muito provável que você já tenha identificado obstáculos no caminho dessa mudança, mesmo que apenas subconscientemente.

Talvez você já ande dizendo a si mesmo, há muito tempo, que gostaria de poder mudar alguma coisa em sua vida, mas não "consegue porque _____". O que vier depois do "porque" é seu obstáculo, ou obstáculos.

"Gostaria de ter um relacionamento recompensador, mas não posso porque _____."

"Gostaria de passar mais tempo com meus entes queridos, mas não posso porque _____."

"Gostaria de ganhar mais dinheiro, mas não posso porque _____."

"Daria tudo para me sentir menos solitário o tempo todo, mas não posso porque _____."

"Gostaria de estar fisicamente saudável, mas não posso porque _____."

Poderia pedir para você escrever tudo o que vem depois do seu "porque" agora, mas prefiro adiar um pouco. A lógica predominante é identificar quais problemas estão em seu caminho para que possa se ocupar em resolvê-los, e então — voilà! — a vida muda. Só há um problema com essa abordagem. Se não chegarmos à causa-raiz, ou à razão pela qual vemos algo como obstáculo sem pensar duas vezes, não seremos capazes de fazer mudanças duradouras na vida, porque acabamos repetindo um padrão e não temos certeza do motivo pelo qual continuamos com os mesmos problemas. Resolveremos esse obstáculo em particular, certamente, mas o que acontece na próxima vez? E na seguinte? A dinâmica problema/solução não funcionou no passado, caso contrário você ainda estaria usando-a para melhorar sua vida agora mesmo. Precisamos de algo mais. Precisamos ir mais fundo e descobrir como podemos mudar permanentemente o estado de espírito do obstáculo para o da *oportunidade*. Uma vez que tenha as ferramentas para fazer isso, um mundo novo inteiro se abrirá para você.

Assim, o primeiro passo para alterar nossa perspectiva de obstáculos é escolher ver as oportunidades. Mas como fazer essa mudança de "obstáculo" para "oportunidade"? Ela começa compreendendo que há uma FORÇA invisível poderosa em jogo. Essa FORÇA, se a permitirmos, pode obscurecer nossa visão e nos impedir de ver oportunidades. Deixe-me explicar.

Se já viu um filme da série *Star Wars*, então conhece um conceito chamado de "a FORÇA", que nada mais é que um campo de energia espiritual que mantém a galáxia unida, e certos seres vivos têm a capacidade de acessá-la e usá-la para o bem ou para o mal. Quanto mais eles praticam como acessá-la, mais poderosos se tornam. Usando a FORÇA", eles podem pregar peças nas mentes das pessoas (o "truque mental Jedi"), levitar objetos e ter premonições. Na vida real também há uma força invisível que tem um efeito poderoso em nosso comportamento com relação às tomadas de decisão, mas o que é incrivelmente animador é que, assim como os Jedis, temos a capacidade de usar a força de formas maravilhosas.

Mergulharemos profundamente na FORÇA mais adiante neste livro. Mas quero que saiba que muitos de nós fomos, de certa forma, ludibriados, acreditando estar vendo o panorama completo de nossas vidas, mas na realidade nossa visão tem sido obscurecida pelo lado negativo da FORÇA. Quase sempre esta é a razão pela qual não fizemos mudanças positivas até agora: não conseguimos ver as oportunidades diante de nós, *apenas* obstáculos.

Todos nós sentimos os efeitos da FORÇA em outras pessoas. Por exemplo, pense em alguém que você classificaria como "pessimista" ou "negativo". Quando uma pessoa assim entra na sala, podemos sentir literalmente a energia em torno dela. Elas estão sempre "acima" dos outros em sofrimento, como por exemplo: "Oh, você acha isso ruim? Olha só que coisa horrível aconteceu comigo!" Trata-se da clássica mentalidade do copo meio vazio, elas parecem não encontrar nada de bom em suas vidas. Caso já tenha ficado próximo a alguém assim, sabe o quanto essa energia pode afetar os outros; ela pode enfraquecê-lo bem rápido. Você pode se sentir até mais ansioso ou deprimido perto de pessoas assim, porque essa energia é contagiosa.

Por outro lado, talvez já tenha se deparado com um otimista que também tem pensamento crítico — em outras palavras, alguém com um ponto de vista otimista, mas não fora da realidade! Imagine uma pessoa transbordando energia positiva. Não importa o que a vida traga para esse tipo de pessoas, elas têm uma capacidade excepcional de sempre achar um lado bom e se virar com o que têm. Essa também é uma energia *muito* poderosa. Você ficará sempre se sentindo melhor após se encontrar com uma pessoa assim, animada e leve. Talvez as conversas que tenha com ela pareçam sempre ter um tom otimista, deixando você inspirado ou motivado por elas.

Os dois são exemplos da FORÇA. É verdadeiramente uma energia, ela nos afeta tanto quanto outras. Você pode até presumir que certas pessoas são "predispostas" a ser negativas ou positivas, mas sei que temos uma escolha. As pessoas mudam *de verdade*. Podemos escolher nos reinventar e acessar essas forças de energia positiva. O processo de se reinventar significa mudar de obstáculos para oportunidades. Quando certas mentalidades estão profundamente enraizadas, nosso primeiro passo é identificar e compreender a mentalidade pelo que ela é, e *depois* escolher uma nova. Esse é o trabalho que faremos na segunda parte deste livro, quando mergulharmos profundamente na FORÇA.

Por enquanto, quero que você se conscientize de que todos nós temos a *capacidade* de mudar nossa visão de obstáculo para oportunidade, e tomar nossa Decisão Poderosa de acordo com isso. Sei que é um tremendo divisor de águas.

3

VISUALIZANDO SUA "VIDA MELHOR"

Se eu lhe perguntasse "O que você realmente quer na vida?" ou "O que você quer ter mais na sua vida?", você teria uma resposta? Nossas respostas impulsivas são, muitas vezes, as histórias que contamos a nós mesmos, e algumas delas podem ser verdadeiras, mas o que descobri é que a maioria das pessoas com quem trabalhei não tinha ideia do que *realmente* queria. Normalmente elas não sabem o que de fato querem, porque estão concentradas em procurar lá fora algo que está dentro de si mesmas. Por exemplo, trabalhei com pessoas que dizem querer ganhar mais dinheiro, mas o que elas de fato almejam é uma vida com mais segurança. Algumas dizem que querem um emprego melhor, mas o que elas verdadeiramente procuram é um propósito. Neste capítulo, lhe ajudarei a ver por trás desses desejos externos e a enxergar a verdade do que você autenticamente quer da vida.

Não quero desanimar ninguém, mas isso só começa com uma visão realista de nossas vidas. Na vida, temos uma escolha. Podemos ir em direção aonde está o momento, ou podemos continuar tentando forçá-lo. Se você já assistiu algum desses programas de competição de música ou dança na televisão, sabe que há participantes com qualidade de "estrela", aquele fator "diferencial", e há outros que simplesmente não têm o que é preciso para seguir uma carreira artística. E isso não os torna menos valorosos como seres humanos; só quer dizer que eles precisam ser realistas sobre qual direção estão tomando na vida. É essa a nossa obrigação agora — compreender o que é uma visão realista para nossa "vida melhor". Uma vez tendo essa visão, podemos nos preparar para o sucesso.

O QUE VOCÊ *REALMENTE* QUER?

As pessoas geralmente me procuram como coach, porque desejam melhorar uma área de suas vidas. Às vezes elas sabem com precisão o que querem, mas quase sempre não são muito claras, e é por isso que precisam de ajuda para descobrir exatamente o que está acontecendo e depois entender como chegaremos até lá. Em vez de compartimentalizar e me concentrar somente em um problema específico ou algo que querem, olho para a vida delas como um todo e concentro minha atenção no que é mais necessário. Quando fazemos isso, quando temos essa visão de conjunto de nossas vidas, começamos a descobrir o que está faltando em um nível mais fundamental. Qual é a necessidade mais profunda a ser preenchida? É senso de segurança? Propósito? Aventura?

Amor? Conexão com os outros? A identificação da necessidade ou desejo fundamental sempre nos ajudará a compreender mais claramente o que precisamos fazer para melhorar nossas vidas.

Conforme for lendo este livro, você verá muitos exemplos de pessoas que achavam que precisavam se concentrar em uma área apenas, mas que após uma simples avaliação — que você também fará neste capítulo — puderam ver claramente que, na verdade, e antes de mais nada, era uma área diferente que precisava de atenção. É muito importante começar desse jeito — assim, você consegue uma visão específica do ponto em que deve tomar algumas decisões para seguir adiante.

Se você me viu no programa *Dr. Phil*, leu *O Melhor de Mim* ou se me segue nas mídias sociais, sabe que adoro avaliações. Acredito muito nelas. Agora, antes de começar a revirar os olhos, ranger os dentes e virar a página, me escute. Sei que avaliações têm má reputação. Sei disso! Fico maluco toda vez que vou a um médico e tenho que preencher o mesmo entediante e monótono documento de 20 páginas. *As mesmas perguntas!* Toda vez que chego na recepção, eles me dão aquela terrível prancheta e uma caneta quase sem tinta, e começo a responder pergunta chata atrás de pergunta chata sobre minha saúde.

A verdade é que preencher essas avaliações tem sua importância. Elas ajudam você e o médico a estabelecer um começo, a compreender seu ponto de partida, o que está acontecendo ultimamente e o que espera alcançar. É aí que queremos chegar: definir seu ponto de partida e descobrir em que você quer melhorar. Nesse caso, no entanto, não há ninguém revisando suas respostas, exceto *você*. Você aprenderá e descobrirá muito sobre si mesmo fazendo esse exercício. (Por falar nisso, se estiver interessado em ver como outras pessoas responderam, ou se quiser expor suas respostas, o aconselho a visitar a página do Coach Mike Bayer no Facebook para compartilhá-las com minha comunidade!)

Vivemos nossa vida rotineira com nossos corpos, cérebros e emoções, e raramente paramos para dar um passo atrás e olhar para o que seria uma vida "melhor" para nós. Mas como podemos esperar ter uma vida melhor se não sabemos nem como ela é? Talvez pareça complicado, mas na verdade não é. Acho que, quando começar a se aprofundar um pouco, você descobrirá que o que *realmente* quer é, na verdade, muito mais fácil do que imagina.

Pense em sua vida como um enorme quebra-cabeça. As peças são feitas de todas as diferentes áreas e as especificidades delas variam para cada um de nós, mas o importante é avaliar como nos sentimos a respeito de cada uma. A melhor maneira de saber quais mudanças queremos fazer em nossas vidas, ou as áreas mais necessitadas de atenção, é apresentá-las e considerá-las objetivamente.

Como você verá, criei um gráfico com as áreas abrangentes de sua vida. Há linhas em branco que serão preenchidas quando se aplicarem a você. Ao olhar para cada categoria, primeiro observe sua reação imediata a ela. Você se sente calmo e tranquilo quando olha para alguma? Ou fica tenso? Ou talvez até se sinta como se tivesse recebido um soco, porque a área lhe é particularmente difícil? Você pode até se sentir como se quisesse evitá-la completamente e nem pensar sobre ela. Essas reações instantâneas são muito reveladoras e nos dão informações significativas sobre nós.

Depois, pense nas especificidades dessa área em sua vida. Ela está lhe causando problemas? Há alguma coisa acontecendo ali que ocupa uma quantidade desproporcional de seu tempo, gerando preocupação ou estresse? Você se sente inseguro ou ameaçado de algum modo em função disso? Ou essa área traz alegria e o ajuda a se sentir realizado? Por acaso se sente preso em algumas áreas, como se estivesse estagnado? Leve tudo isso em consideração antes da próxima etapa.

Caso não tenha certeza do significado de uma das áreas ou precise de uma pequena orientação sobre qual é a melhor forma de classificá-las, seguem algumas ideias para você começar:

- **FAMÍLIA:** dependendo da situação, essa área pode estar relacionada à sua família biológica ou a outra determinada família. Nesse conjunto estão seus irmãos e parentes, como também avós, primos; sua família estendida.

- **AMIZADES:** essa área compreende todos os seus amigos. Se acha que não tem tantos como gostaria ou o número é tão grande que acha que não dará atenção adequada a todos, você pode dar uma baixa pontuação a essa área. Ou, se alguma amizade em particular estiver lhe causando problemas, isso também pode resultar em uma baixa pontuação.

- **RELAÇÕES AMOROSAS:** se tiver um(a) parceiro(a) ou cônjuge, esse relacionamento pertence a essa área. Se estiver saindo com alguém, tem a ver com sua vida amorosa.

- **EDUCAÇÃO DOS FILHOS:** se tiver uma ou mais crianças, essa é uma área que pode ser difícil de avaliar. Dependendo do que seus filhos estão fazendo agora, você pode achar que está tudo sob controle, mas, assim que algo dá errado, poderá ser duro consigo mesmo. Tente ser o mais objetivo possível.

- **EMPREGO:** essa área se aplica caso você esteja trabalhando atualmente. Como você se sente em relação a seu trabalho? Acha que está dando uma contribuição valiosa para o mundo ou para a organização? Fica feliz em ir trabalhar todos os dias? Ou parece que o faz só para cumprir o horário?

- **SAÚDE FÍSICA:** sua saúde física diz respeito a como você se sente? Tem alguma dor crônica? Está sofrendo com alguma condição de saúde que ainda não resolveu? Você cuida do corpo ou tende a ignorá-lo?

- **SAÚDE EMOCIONAL:** esse domínio inclui sua saúde mental. Está lutando contra ansiedade, depressão ou mudança de humor? Controlar suas emoções é algo problemático? Você tem dificuldades em lidar com a raiva ou se sente sufocado pelas preocupações?

Por outro lado, você se sente no controle de suas emoções e é capaz de se manter performando bem mesmo sob estresse?

- **SAÚDE ESPIRITUAL:** você tem uma boa ligação com sua espiritualidade? Isso significa coisas diferentes para pessoas diferentes. Quando avaliar essa área, pense no quanto está alinhado com suas crenças espirituais diariamente.

- **HOBBIES:** essa é uma área que você pode facilmente ignorar, mas perceba de que forma está explorando suas paixões. Está aprendendo ativamente sobre os assuntos que lhe interessam? Ou passa o tempo fazendo coisas simplesmente porque gosta?

- **SAÚDE FINANCEIRA:** como você se sente com relação à sua situação financeira? É frequente estressar-se por causa de dinheiro? Está preocupado porque não economizou o suficiente para seu futuro? Ou tem um plano financeiro; um orçamento que utiliza para ficar tranquilo sobre questões de dinheiro?

SABER AONDE ESTÁ INDO: HORA DA AVALIAÇÃO!

Na tabela "Avaliação da Vida," a seguir, marque a caixa para pontuar cada área em uma escala de 1 a 5. Se uma área não se aplica à sua vida, simplesmente marque N/A. Se alguma delas estiver criando energia negativa, deve pontuar com 1 ou 2. Se for neutra — não é problemática, mas poderia ser melhorada — pode pontuá-la com 3. Se estiver funcionando bem para você, pontue com 4 ou 5.

O passo seguinte é nos perguntar se estamos motivados para fazer mudanças em uma área específica imediatamente. Isso é importante porque, quando estamos passando por estresse ou por negatividade em um aspecto da vida em particular, às vezes nosso instinto é simplesmente enterrar a cabeça na areia e ignorar. Só você pode decidir qual é a hora certa para lidar com suas questões. Agora pode não ser a ocasião adequada. Por enquanto, você pode ter outras prioridades com as quais precisa lidar. Não queremos nos culpar por uma mudança não eficaz. Em vez disso, vamos nos concentrar nas áreas em que há motivação para mudar já.

Então, sob o lema "Estou motivado para mudar?", escreva seus pensamentos. Talvez você escreva "Agora não, mas em breve" em alguma área, ou "Sim! Preciso trabalhar nisso urgentemente" em outras. Isso será inteiramente por sua conta. A ideia aqui é apenas completar a avaliação, assim você terá uma visão clara do atual cenário de sua vida. Tente não se precipitar e comece a pensar como pode mudá-la. Por ora, queremos apenas identificar as áreas de maior necessidade. Se houver uma área de sua vida que não foi listada na tabela, sugiro que a escreva e avalie adequadamente nos espaços em branco no final dela.

AVALIAÇÃO DA VIDA

ÁREA DA VIDA	N /A	PONTOS DE 1–5	ESTOU MOTIVADO A MUDÁ-LA?
Família			
Amizades			
Relações Amorosas			
Educação dos Filhos			
Emprego			
Saúde Física			
Saúde Emocional			
Saúde Espiritual			

(continua)

DECISÃO PODEROSA

ÁREA DA VIDA	N /A	PONTOS DE 1–5	ESTOU MOTIVADO A MUDÁ-LA?
Hobbies			
Saúde Financeira			

O CENTRO DA QUESTÃO

Uma das razões mais poderosas para utilizar a avaliação da vida é ter a certeza de que você está abordando a área atual que precisa. Por exemplo, como já mencionei, trabalhei com pessoas que dizem que precisam muito ganhar mais dinheiro, mas, quando vamos mais fundo um pouco, a realidade é que elas estão querendo resolver questões emocionais com dinheiro. À medida que trabalhamos e conversamos sobre essas questões, elas descobrem que é um problema de segurança ou de se sentir protegido. E não ganhar dinheiro, ou passar por momentos difíceis financeiramente, é algo que pode provocar medo e fazer com que alguém se sinta inseguro. Então, o que podemos fazer de mais útil é investigar todas as áreas da vida que causam insegurança.

A partir daí, podemos compreender o que realmente queremos, em vez de apenas nos focar em problemas externos, o que não resolverá de fato o sentimento dentro de nós.

Outro exemplo é alguém que pontua sua relação romântica com 1 porque não está com ninguém, mas a questão é: será que essas pessoas querem alguma relação? Isso é verdadeiramente importante para elas? Se passassem um tempo se alinhando com sua autenticidade, elas poderiam olhar para o que realmente querem em suas vidas.

Essas são apenas algumas das maneiras pelas quais, às vezes, pensamos que devemos nos concentrar em uma área, mas, na verdade, é um aspecto diferente que requer nossa atenção primeiro. Ao olhar a tabela, pense no centro da questão e faça dele seu ponto de partida.

INTERPRETANDO SUA AVALIAÇÃO

Mesmo que pontue todas as áreas de sua vida com 1 e diga que elas precisam mudar urgentemente, ainda o aconselho a se concentrar em apenas uma agora — porque uma mudança, uma Decisão Poderosa, pode acabar alterando todas as áreas de sua vida. Tenho percebido, repetidamente, que ao começar a estabilizar a área mais problemática, as outras muitas vezes seguirão o exemplo ou pelo menos apresentarão grandes melhorias. Como todas as peças do quebra-cabeça funcionam juntas para criar o todo, quase sempre fazer mudanças positivas em uma área impactará outra diretamente. Nossos sucessos podem aumentar a confiança, nos ajudando a iniciar um fluxo maior de mudanças em nossas vidas. Em outras palavras, não queremos tentar arrumar tudo de uma vez. No lugar disso, vamos partir do zero.

Olhe para a coluna "estou motivado para mudar?" e pense no que está naturalmente inclinado a focar sua atenção. Para escolher por onde iniciar, você pode se perguntar: "Se esta área for drasticamente aprimorada, como eu me sentiria?" O que não queremos é começar pensando muito sobre os obstáculos à frente em determinada área ou enviar mensagens a nós mesmos sobre como será difícil. Queremos simplesmente pensar no quanto nos beneficiaremos ao fazer mudanças positivas em um aspecto específico de nossas vidas.

Assim que tiver reduzido a uma área, escreva-a aqui:

A área que quero focar aprimorar é:

_____

Agora que você tem uma visão clara de qual área de sua vida quer se concentrar primeiro, vamos pensar em que grau quer promover mudanças, e também no tipo de mudança que deseja alcançar. Com base na pontuação dessa área e no quanto ela está afetando sua capacidade de amar sua vida, talvez seja necessário fazer uma mudança extrema ou apenas algumas alterações. Para ajudá-lo a determinar isso, apresentarei a você algo que chamo de escala REP.

A ESCALA REP

Às vezes, uma área de sua vida parece estar completamente fora de sintonia com quem você é, como se não pudesse acreditar que acabou em um lugar no qual não se reconhece. Se esse for seu caso, não se preocupe. Há um caminho de volta à sua autenticidade, e vamos descobri-lo juntos.

Por outro lado, talvez você ache necessário fazer algumas mudanças aqui ou ali e, com isso, sua vida seria *muito* melhor. Veja o ponto principal: há graus em relação às mudanças que devem ser feitas em sua vida. Para ajudá-lo a discernir a intensidade delas, criei algo que denominei escala REP.

REINVENTAR
EVOLUIR
PONTO DE INFLEXÃO

Aqui está o que cada um significa:

REINVENTAR:

- Reinventar é reformular. É uma mudança significativa tão grande que a vida de fato parece completamente diferente. Talvez você sinta que precisa mudar por inteiro em alguns ou vários aspectos de sua vida que não estejam funcionando. Talvez sua saúde física esteja abalada e afetando sua qualidade de vida. Ou talvez seu emprego esteja lhe causando estresse extremo, o que traz a necessidade de mudança. Uma reinvenção pode significar tomar a decisão de começar a fazer tudo diferente do que tem feito e, assim, poder começar a obter um resultado completamente diferente.

- Alguns exemplos de reinvenção incluem perder uma quantidade significativa de peso, deixar a faculdade, parar de beber, ou divorciar-se. Uma reinvenção é um novo começo. É reiniciar e mudar tanto que voltamos totalmente diferentes do que éramos antes. É frequente ficarmos estagnados de verdade na vida, o que torna necessária uma reinvenção para se reconectar à sua paixão.

EVOLUIR:

- Quando pensar em evoluir, pense nisso como *crescer* e *brilhar*. Isso significa que é hora de você evoluir com o mundo ao redor e, conforme ele se atualiza, você também o faz. Evoluir significa aceitar sua realidade, abraçar a mudança e amadurecer.

- Isso pode significar, ainda, que é preciso tomar uma atitude em relação à saúde, porque você está mais velho e começa a ter mais preocupações com seu bem-estar físico. Ou não ir a bares e boates, caso você entre cedo no emprego. Pode ser uma troca de passatempos para assim mudar para um grupo mais apropriado de amigos.

PONTO DE INFLEXÃO:

- Um ponto de inflexão pode ser criar uma grande mudança com apenas um pequeno passo para uma nova direção. Por exemplo, tomar a decisão de não se envolver mais em fofocas ou que passará menos tempo nas mídias sociais ou em aplicativos de encontros. Talvez seja deixar de apontar as falhas do meio de vida de seus entes queridos, ou procurar aprimorar suas qualificações profissionais. Ou ainda, se suas técnicas para criar seus filhos parecem não funcionar agora que eles já têm certa idade, pode ser a hora de tentar algo novo.

- Exemplos incluem achar novos métodos de preparação física que combinem com você, fazer um curso inspirador, plantar as verduras e legumes que sempre quis no jardim ou entrar em um site de encontros online.

Em que ponto estou na escala REP nesta área da minha vida:

_____

A DECISÃO DE...

À medida que avança neste livro, você pensará nas decisões autênticas que precisará tomar para que sua vida assuma uma direção nova e positiva. Para isso, gostaria de dividir algumas decisões importantes que vi as pessoas tomarem inúmeras vezes. Elas são tão comuns que a maioria de nós chega a um ponto da vida no qual precisa tomar cada uma delas. Segue a lista:

- Decisão de desapegar.

- Decisão de começar um relacionamento.

- Decisão de nos posicionar.

- Decisão de melhorar nossa saúde mental.

- Decisão de começar a viver uma vida espiritual.

- Decisão de terminar um relacionamento.

- Decisão de não ser mais amigo de alguém.

- Decisão de deixar de facilitar as coisas para alguém.

- Decisão de perdoar alguém.

- Decisão de expor sua opinião.

Essas decisões significam coisas diferentes para todos nós e aplicam-se de inúmeras formas. Temos o poder de tomá-las em nossas vidas e de agir com base nelas. As decisões que tomamos são 100% de nossa responsabilidade e, embora isso possa parecer assustador para alguns, também é emocionante saber que temos a liberdade de escolher a vida que queremos. O que quero dizer é que você tem completa autonomia e pode tomar qualquer decisão que quiser. Agora mesmo, você decidiu ler este livro. Cada palavra em cada página que você escolheu ler — a decisão foi sua. A motivação por trás disso é, provavelmente, melhorar sua vida de alguma forma, aprender mais sobre seu próprio comportamento e colocar sua vida em suas próprias mãos. Essa é uma decisão que é de seu maior interesse!

Conforme você avança à próxima parte deste livro, começaremos a ver as FORÇAS que podem nos manter no caminho de quem nós somos ou que nos fazem sentir completamente fora de prumo. Todos nós fazemos isso e nunca se trata de um tudo ou nada; elas são apenas parte do que nos impede de ter uma vida melhor. Estamos prestes a fazer um trabalho mais profundo, mas, quando mudamos a maneira de pensar, mudamos como nos sentimos, e depois o fazemos com nosso comportamento, e as FORÇAS podem nos ajudar a fazer exatamente isso. Com a mente aberta, o espírito disposto e o coração cheio de esperança, vamos prosseguir corajosamente!

PARTE 2

A
FORÇA

4

A FORÇA QUE IMPULSIONA DECISÕES

C omo mencionei antes, há um padrão de pensamento que impulsiona nossa percepção de vida. Tanto em minha experiência pessoal quanto no trabalho com milhares de clientes, descobri que é essa percepção que, em última instância, determina se tomaremos uma decisão que nos leva a uma vida melhor ou produzirá mais estresse, pressão e ansiedade. Na maioria das vezes em que identificamos um problema, olhamos para ele através de certas lentes. É provável que todos nós já tenhamos encontrado pessoas que, apesar de estarem enfrentando uma situação que consideramos terrível, continuam otimistas ou focadas na solução. Ou talvez estejamos sendo positivos, e a outra pessoa, concentrada no lado negativo. Essas características indicadoras são impulsionadas por algo que eu chamo de FORÇA.

A FORÇA se constitui, essencialmente, nos padrões aos quais nos deixamos envolver, algo que direciona nosso comportamento. Por exemplo, digamos que você foi fechado no trânsito. Você fica muito bravo e passa a dirigir agressivamente. Essa energia flui diretamente para sua próxima reunião ou pessoa com quem vai conversar. A ansiedade ou frustração está à espreita em sua mente, não resolvida e deteriorada. Quando isso acontece repetidamente, é porque há uma FORÇA impulsionando esse padrão de pensamento. Talvez você possa se sair bem resolvendo isso no momento, mas identificar a FORÇA subjacente à sua atitude é fundamental para mudar seus padrões de comportamento.

FORCE [FORÇA] é um acrônimo em inglês. Cada letra corresponde a uma força "negativa", que faz com que nos concentremos somente em obstáculos, e uma "positiva", que nos permite ver todas as oportunidades diante de nós. Elas são as seguintes:

ADIVINHAÇÃO	e	APURAÇÃO DOS FATOS
SUPERGENERALIZAÇÃO	e	PENSAMENTO OBJETIVO
MENTALIDADE RÍGIDA	e	MENTALIDADE RELAXADA
PROPÓSITO CONFUSO	e	PROPÓSITO CLARO
RACIOCÍNIO EMOCIONAL	e	RACIOCÍNIO POR EVIDÊNCIAS

Nos capítulos a seguir, você aprenderá os prós e contras de como essas FORÇAS podem orientar nossas decisões, sabotar ou apoiar nossos esforços para reinventar, evoluir ou chegar ao ponto de inflexão de nossas vidas. Elas podem alavancar enormemente nossas ações por meio de mudanças ou paralisar nossa jornada em direção a uma vida melhor. A decisão é nossa.

Para ajudá-lo a ver como essas FORÇAS atuam, compartilharei histórias reais de clientes meus que ficaram estagnados na FORÇA negativa, mas uma pequena mudança de perspectiva possibilitou tomadas de decisão que os tornaram mais felizes, mais ricos (pelo menos em alguns casos) e mais realizados em um período de tempo muito curto. A única coisa que mudou foram suas FORÇAS ou como olhavam para seus problemas, o que lhes permitiu se concentrar na Decisão Poderosa e se assegurar de que ela veio do Melhor de Si Mesmo.

As FORÇAS "negativas", ou as que nos fazem ver tudo na vida simplesmente como obstáculo, são exemplos de algo que na terapia cognitiva comportamental é chamado de distorções cognitivas. Quando permitimos que essas distorções piorem progressivamente, podem agravar sintomas de depressão, ansiedade, abuso de substâncias e outras formas de medo. A FORÇA é uma representação das distorções cognitivas que formam padrões que, acredito, desempenham um importante papel especificamente em nossas tomadas de decisão. Também incluí o lado positivo de cada FORÇA negativa, o que nos ajudará a escapar das várias formas de pensamento distorcido e voltar à realidade.

Passar de um pensamento distorcido ou "obstáculo" para um de "oportunidade" requer preparação, verdade e lógica. Também exige certa quantidade de criatividade, pois temos que nos inspirar o suficiente para ver as potenciais oportunidades diante de nós. Os atributos aparecem repetidamente na coluna da oportunidade porque estão no centro das FORÇAS que podem nos desviar da estrutura mental de obstáculos.

VISÃO GERAL DA FORÇA

Segue uma visão geral do que cada uma dessas FORÇAS significa. Com isso, você terá uma ideia do que elas são antes de nos aprofundarmos nos próximos capítulos da parte 2.

FORCE

FUTURE-TELLING (ADIVINHAÇÃO): FORÇA NEGATIVA

A adivinhação, como o próprio nome diz, é quando acreditamos saber o que outra pessoa fará ou pensará e, também, quando presumimos o que acontecerá em determinada situação. Ao contrário de uma opinião fundamentada, a adivinhação não se baseia em informação factual. Quando prevemos o futuro dessa forma ou fazemos suposições, estamos fabricando achismos em cima de uma *narrativa*. Às vezes, essas adivinhações podem ser verdadeiras e outras vezes, não.

Os exemplos incluem o seguinte:

- Quando prevemos que um supervisor responderá de certa maneira sobre uma promoção.

- Quando pensamos que sabemos como um amigo responderá sem perguntarmos nada.

- Quando presumimos que não vamos passar em um teste antes mesmo de o fazermos.

- Quando imaginamos uma catástrofe ou o pior cenário possível — o exemplo comum e extremo da previsão do futuro.

FACT-FINDING (APURAÇÃO DOS FATOS): FORÇA POSITIVA

O oposto da adivinhação — e a saída desse padrão nocivo de pensamento — é a chamada apuração dos fatos, cuja função é descobrir exatamente quais são os fatos em uma dada situação. Em vez de adivinhar como o supervisor pode reagir quando pedirmos uma promoção, reuniremos todos os fatos, todas as razões lógicas que nos fazem crer que merecemos a promoção e, depois, apresentaremos os fatos ao supervisor. Ou, no lugar de presumir que fracassaremos em um teste difícil, estudamos e nos preparamos para ele, respondendo às questões da melhor forma possível, sem tentar prever o resultado. Atendo-nos aos fatos e não à imaginação, podemos garantir que nossas decisões sejam fundamentadas, em vez de baseadas em uma narrativa que criamos em nossas mentes.

FORCE

Overgeneralizing (Supergeneralização): Força Negativa

Quando supergeneralizamos, chegamos a uma conclusão com base em um único incidente. Um exemplo simples seria você passar em cima de um prego na rua ao retornar do trabalho certo dia e então pensar: "Cara, passo em cima de *todos* os pregos na estrada." Isso seria a supergeneralização. Ela ocorre quando pegamos um resfriado e falamos: "Pego todos os germes aos quais fico exposto." Ou se um aluno recebe uma nota baixa em um trabalho e declara: "Sou um aluno horrível, deveria sair da escola!" Isso seria supergeneralizar. Ou, ainda, se alguém é adepto de um partido político e, às vezes, descreve o outro partido como ignorante, egoísta, homofóbico ou outro rótulo qualquer; é impossível que todos os membros de um partido político sejam descritos da mesma forma. A supergeneralização é o que ocorre quando alguém rotula todos os muçulmanos como terroristas ou todos os cristãos como fanáticos. Ela não tem nada de interessante; não requer que você a explore de forma nenhuma.

OBJECTIVE THINKING (PENSAMENTO OBJETIVO): FORÇA POSITIVA

Por outro lado, ser objetivo requer uma mente totalmente aberta. E receptividade é onde moram a curiosidade, a verdade e a flexibilidade. Quando abordamos a vida com a mente aberta, somos capazes de ter novas ideias, explorar novos sistemas de crenças e adotar novas formas de pensamento. É também a morada das ideias progressistas. Quando pensamos com objetividade, podemos assumir e exemplificar empatia e compaixão uns pelos outros, porque somos mais capazes de compreender a perspectiva ou o ponto de vista de outra pessoa. Em consequência, ficamos mais em paz com o mundo à nossa volta. Além de nos tornarmos aptos a experimentar maior paz interior, pois olhamos para nossas próprias vidas objetivamente e com a mente aberta. Em vez de supergeneralizar, somos mais gentis, e nos damos mais espaço para o erro e o aprendizado.

FORCE

Rigid mindset (Mentalidade rígida): Força negativa

Quando estamos sendo rígidos, podemos adotar a mentalidade "é do meu jeito ou não é". Assim como podemos ser os "donos da razão", sempre buscando ter a última palavra e "vencer" todo argumento que aparece em nosso caminho. Quando aplicada à nossa tomada de decisão, a mentalidade rígida não deixa espaço para considerar meios alternativos de alcançar alguma coisa. Podemos pensar que é assim que sempre fizemos tudo, então deve ser o jeito certo. Uma estrutura mental rígida quase sempre significa estarmos tão envolvidos no que acreditamos ser certo que, às vezes, não vemos o que é do nosso maior interesse.

RELAXED MINDSET (MENTALIDADE RELAXADA): FORÇA POSITIVA

Oposta à rígida, uma mentalidade "relaxada" significa que estamos calmos, menos tensos e mais dispostos a respirar fundo e abrir os olhos para o que é do nosso maior interesse. Quando estamos relaxados, as pessoas ao nosso redor percebem essa condição e se sentem ouvidas e notadas, em vez de serem forçadas a adotar uma forma específica de pensamento ou de fazer as coisas. Em vez de ver a vida de dentro de uma caixa específica que criamos para ela, estamos dispostos a romper as fronteiras e aceitar a vida em seus próprios termos, e não tentar ditar como ela deveria ser. Quando temos problemas em nossa vida, um ponto de vista mais descontraído nos faz perguntar: "Será que isso realmente terá importância daqui a cinco anos?" Essa é uma ótima maneira de nos dar mais perspectiva.

FORCE

Confused purpose (Propósito confuso):
força negativa

Quando ficamos estagnados dentro de uma estrutura mental de "confusão", podemos nos sentir impotentes, ansiosos e sobrecarregados. Essa FORÇA com frequência nos leva a repensar as situações que surgem. Podemos nos sentir paralisados, pensando demais nas questões e nos sentindo incapazes de tomar uma decisão. É também o que acontece quando buscamos opiniões em excesso, ou de pessoas que não são bem versadas no assunto em questão, e começamos a perder o foco do nosso propósito e até de nossa autenticidade, graças a tantas vozes em nossa cabeça. Quando falo sobre confusão, não me refiro a entender um assunto na escola ou se preparar para uma prova. Refiro-me ao *porquê* estamos fazendo o que estamos fazendo. Agradar às pessoas e codependência podem surgir desse estado de confusão; quando fazemos alguma coisa porque achamos que vai nos fazer sentir melhor, mas não é isso o que acontece.

Clarified purpose (Propósito Claro): força positiva

A confusão quase sempre existe onde não há propósito; portanto, a maneira de superar a FORÇA da confusão é esclarecer nosso propósito. É aqui que confiar em sua equipe de decisão (sobre a qual falaremos com mais detalhes depois) é extremamente útil, porque você perguntará para pessoas que têm experiência específica ou conhecimento sobre a decisão que está tentando tomar e que podem ajudá-lo a realinhar-se com seu propósito. Uma vez tendo um propósito, você tem clareza e não está mais em um estado de confusão. Por exemplo, se você ficar confuso se deve ou não ir à festa de alguém, é preciso esclarecer o propósito de ir. É de seu interesse ir à festa porque se sentirá bem em encontrar seus amigos ou porque haverá grandes oportunidades de relacionar-se com pessoas de seu meio profissional, o que o ajudará a impulsionar sua carreira? Talvez seu propósito seja encontrar velhos amigos. Mas, se você for à festa e pensar o que está fazendo ali, é porque não sabe o propósito de estar lá. Quando estiver confuso, é importante se perguntar qual decisão se alinhará com seu propósito, o Melhor de Si Mesmo e o que realmente quer da sua vida.

FORCE

Emotional reasoning (Raciocínio emocional): FORÇA NEGATIVA

Ouvimos com alguma frequência que "sentimentos não são fatos", mas, quando nosso raciocínio é emocional, batemos de frente com essa noção. Sentimentos podem ser bem poderosos e convincentes. Quando raciocinamos emocionalmente, acreditamos que os sentimentos *são* fatos. É isso o que ocorre quando você pensa: "É, mas eu *me sinto* assim, então é o que farei (ou não farei)." Há uma diferença entre seguir seus instintos e seguir seus sentimentos. Contudo, ser impulsionado pelo raciocínio emocional pode nos fazer confundir os dois. Emoções são pouco confiáveis e passageiras. Permitir que o medo, a ansiedade ou a depressão orientem nossas decisões é um erro porque elas não priorizam nossos interesses. Se um sentimento de depressão faz com que você se isole o dia todo e não interaja com as pessoas, então você está perdendo oportunidades e prejudicando sua própria vida. O isolamento pode parecer bom em curto prazo, mas não é algo de seu maior interesse. Nunca me imaginei falando em público porque não me *sentia* bem. Tinha medo. O raciocínio emocional é a razão principal pela qual pessoas não se esforçam para serem melhores.

EVIDENCE-BASED REASONING (RACIOCÍNIO POR EVIDÊNCIAS): FORÇA POSITIVA

Há um tema abrangente que começa a surgir: a mentalidade positiva e com foco na oportunidade com frequência se volta para o que é lógico. E, quando se trata de superar a FORÇA do raciocínio emocional, evidências influenciam muita gente. Chegar à verdade da questão, em vez de como ela faz você se sentir, é o que pode libertar você. Nunca nos sentimos bem na primeira vez que fazemos algo que exija a aprovação das pessoas — com isso, quero dizer que alguém o está remunerando por algo, ou o avaliando, ou o que quer que seja. Há ansiedade, porque você ainda não é tão bom. Você pode tentar fazer o melhor, mas ainda não será o melhor. Mesmo o novato escolhido como número 1 no chamado *draft* da NBA não arrasa em seu primeiro jogo. Ele nunca lhe contará que sua estreia como profissional foi sua melhor partida. E essa pessoa é alguém que consideraríamos um superastro! Com meu medo de falar em público, tinha que tomar a ação contrária. Assim que consegui, comecei a ter evidências de que gostava e de que isso se alinhava com meus próprios objetivos e com o Melhor de Mim.

FORÇA NEGATIVA	FORÇA POSITIVA
Adivinhação: • Adivinhar o que os outros pensam ou o que farão. • Prever como uma situação se desenrolará. • Catastrofismo — presumir o pior cenário. • Ter opiniões baseadas em uma história que criamos em vez de focarmos os fatos.	**A**puração dos Fatos: • Reunir evidências lógicas. • Perguntar qual é a opinião das pessoas em vez de adivinhá-las. • Perguntar a um especialista no assunto. • Apoiar-se em opiniões fundamentadas, e não em palpites baseados em narrativas.
Supergeneralização: • Tirar conclusões baseadas em apenas um incidente. • Rotular grupos inteiros de pessoas com base em uma pessoa ou uma experiência. • Rotular a nós mesmos como resultado de um único evento.	**P**ensamento Objetivo: • Considerar todos os aspectos de si mesmo, de outras pessoas ou de uma situação, e não somente de um momento isolado. • Ser curioso e flexível. • Explorar novas crenças, adotar novas ideias e novas formas de pensamento. • Mostrar empatia e compaixão; melhorar a habilidade em apreciar os pontos de vista de outras pessoas.

FORÇA NEGATIVA	FORÇA POSITIVA
Mentalidade Rígida: • Ter a mentalidade "é do meu jeito ou não é". • Ser o dono da razão — necessidade de estar certo em toda interação/ ter a última palavra. • Acreditar que o jeito como você sempre fez tudo é o único jeito possível.	**Mentalidade Relaxada:** • Ter uma abordagem tranquila; estar disposto a respirar profundamente. • Dedicar um tempo para que os outros se sintam vistos e notados. • Aceitar a vida nos termos dela em vez de tentar ditar os seus. • Estar disposto a se perguntar: "Será que isso será importante daqui a cinco anos?"
Propósito Confuso: • Pensar em excesso sobre as situações a ponto de se sentir impotente, sobrecarregado. • Em virtude da indecisão, ficar preso à inércia. • Buscar opiniões em excesso e perder o contato com seus instintos. • Tornar-se potencialmente codependente. • Querer agradar a todos.	**Propósito Claro:** • Perguntar a nós mesmos sobre a razão pela qual tomamos uma decisão de um jeito ou de outro. • Perceber que algumas decisões não são sobre nosso "propósito de vida", e que talvez tenhamos apenas um papel a desempenhar em certas situações. • Compreender/descobrir nosso propósito em qualquer situação. • Trabalhar com uma equipe de decisão para auxiliá-lo a se realinhar com seu propósito.

(continua)

FORÇA NEGATIVA	FORÇA POSITIVA
Raciocínio Emocional: • Acreditar que nossos sentimentos são fatos. • Tomar decisões baseadas em como nos sentimos. • Não nos forçar a sermos melhores, porque nem sempre nos sentimos bem com isso.	**Raciocínio Baseado em Evidências:** • Chegar à verdade da questão. • Tomar decisões baseadas em evidências e não em sentimentos. • Forçar-nos a sair da zona de conforto para desenvolver novas competências.

QUAL FORÇA VOCÊ ESCOLHERÁ?

Acredito que só encaramos a grande maioria dos problemas que enfrentamos dessa forma porque os *percebemos* como obstáculos em vez de oportunidades. A propósito, é completamente normal ver barreiras por meio dessa luz negativa. Dar sentido aos problemas é natural. É, na verdade, a maneira que nossos cérebros têm de nos proteger. Já passamos por dificuldades no passado e reconhecemos um bloqueio tão familiar, portanto, faz sentido que as observemos da mesma forma. O cérebro está basicamente nos dizendo: "Cuidado! Cai fora! Já estivemos aqui antes e não acaba bem!" Mas isso é complicado, porque não podemos sempre presumir que um novo obstáculo seja o mesmo que vivemos no passado. Precisamos olhá-lo no contexto do presente, com outros olhos.

E como exatamente fazemos isso? Lhe mostrarei nos capítulos seguintes. Juntos, olharemos bem de perto para alguns dos mecanismos internos de sua mente subconsciente para descobrir como seu cérebro tem estado hiperfocado no obstáculo a ponto de perder completamente a oportunidade certa bem à sua frente. É como uma visão em túnel, da qual todos nós sofremos, então, sairemos desse túnel e iremos para a luz.

Tudo se resume a quais FORÇAS o estão impulsionando. Se você inadvertidamente permitiu que as negativas conduzissem sua tomada de decisão, então está na hora de virar o jogo e escolher as positivas!

TOMADA DE DECISÃO QUANDO EM RECUPERAÇÃO

Muitas pessoas com quem trabalhei e que estavam em tratamento de recuperação de drogas, álcool, alimentação, apostas, estresse pós--traumático, entre outros, relataram que, quando ficavam sóbrias, sua capacidade emocional permanecia onde estava quando começaram a usar drogas ou álcool. Isso pode ter um impacto significativo na tomada de decisão delas, em particular se começaram a usar substâncias quando jovens. Essa é mais uma razão pela qual é tão útil compreender seus estilos e estratégias individuais de tomada de decisão para que possamos ajustá-los a fim de atender a seus melhores interesses.

O PAPEL DO BICHO-PAPÃO

Os temores que tivemos ao longo da vida quase sempre se manifestarão no momento atual, influenciando as FORÇAS que acabam nos direcionando. Sem nos dar conta, muitas vezes podemos entregar o controle de nossa vida àqueles medos persistentes — aos quais me refiro como bicho-papão. Se não o controlarmos, ele nos induzirá às FORÇAS negativas e, portanto, à autossabotagem. Temos que fazer o que pudermos para não deixar que isso aconteça, e descobri o melhor jeito de evitá-lo: é muito simples, basta ter consciência do nosso bicho-papão específico.

Normalmente, o medo que tivemos na infância, seja ele qual for, é também o que teremos quando adultos. O bicho-papão é movido pelo medo, que muitas vezes é denominado como uma falsa evidência que parece real. Por exemplo, se quando crianças tivemos que nos esforçar muito para sermos aceitos pelos amiguinhos, esse pode ser um sentimento que ainda carregamos quando adultos. O bicho-papão pode incluir eventos que aconteceram em nossa vida quando crianças e ainda nos perseguem. Para alguns pode ser medo do abandono, porque a mãe ou o pai deixou a família. Para outros, que foram abusados sexual ou emocionalmente ao crescerem, não se sentirão seguros em vários lugares a menos que sejam capazes de sanar alguns desses eventos passados. Se alguém cresceu em meio a uma família de alcoólatras, normalmente buscará elevar sua autoestima cuidando dos outros, mas essa qualidade é resultado do cuidado que ele sentia que tinha que ter com os pais ou seus responsáveis quando estavam bebendo. O que quer que vivenciamos como crianças, principalmente qualquer nível de trauma, pode se tornar um bicho-papão que carregamos conosco ao longo de nossas vidas. Aqui estão algumas crenças que o bicho-papão pode ter incutido em você quando criança, que podem se enraizar em sua mente e crescer com o tempo:

- Você não é bom o bastante.

- Se as pessoas o conhecessem de verdade, não gostariam de você.

- Você não está seguro.

- Você não pode confiar em ninguém.

- Você é uma fraude.

- Você tem que impressionar os outros.

- Você tem que manter segredos.

- Você não pode se aproximar muito das pessoas, porque elas o deixarão.

A FORÇA QUE IMPULSIONA DECISÕES 103

Se crenças como essas começam a tomar conta de sua mente, podem se tornar intoleráveis ou criar ansiedade, então talvez seja preciso pedir ajuda para poder livrar-se delas. Isso não é nem um pouco incomum; muitas pessoas passam a vida inteira com um bicho-papão. A boa notícia é que há muitas terapias que podem ser extremamente úteis em curar as mágoas e fazer o bicho-papão desaparecer de uma vez por todas. Talvez você descubra seu próprio método de cura e, se sentir seu bicho-papão se dissipando à medida que você ganha poder sobre ele, então seja lá o que estiver fazendo está funcionando. De qualquer forma, tudo começa com a conscientização. Portanto, quando estivermos trabalhando nos capítulos da FORÇA, fique alerta para qualquer sinal de que poderá surgir um bicho-papão tentando tomar o controle de sua vida.

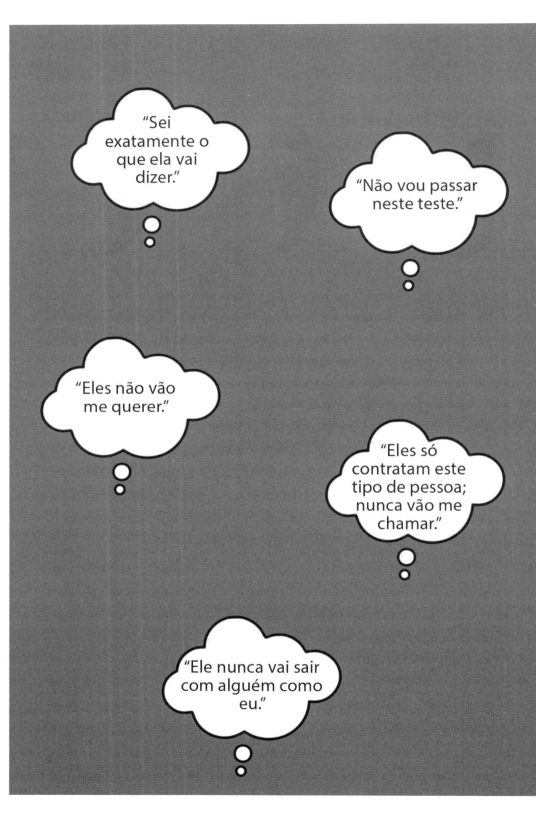

5

FORCE

ADIVINHAÇÃO OU APURAÇÃO DOS FATOS

Dê uma olhada nesses balões de pensamentos. Algum lhe é familiar? Você já se convenceu de que sabe exatamente o que acontecerá e depois baseou suas decisões e ações na história que está contando para si mesmo? Se a resposta for sim, não se sinta mal — todos fazemos isso! É o que chamamos de adivinhação, e é incrivelmente comum. Ela pode se originar de nossas experiências do passado ou até de nosso bicho-papão, mas uma coisa é certa: adivinhar não vem de nossa melhor versão, e não nos leva a tomar decisões autênticas. A verdade é que não podemos prever o que está à frente no caminho para nos reinventar, evoluir com o mundo ao redor ou chegar a um ponto de inflexão rumo a uma vida melhor. Por isso, é necessário nos mantermos firmemente vinculados aos fatos. A apuração dos fatos é a FORÇA que se opõe à adivinhação e pode dissipar a névoa proveniente dela. Ela pode ajustar o foco e ajudá-lo a tomar decisões lúcidas com base no Melhor de Si Mesmo, e não em histórias de ficção inventadas pelo medo.

Mike, um dos meus amigos, é personal trainer em uma conceituada academia e também tem seu próprio negócio de treinamento pessoal. Ele se refere à sua empresa como "Coach Quads", de quadríceps (seu nome de usuário no Instagram é @coachquads), porque ele é conhecido por suas pernas gigantescas. Elas são enormes. Mas ele é muito mais do que um personal trainer com musculatura impressionante. Mike é atencioso, concentrado e confiável; ele nunca tiraria vantagem de ninguém. Acontece apenas que ele é um dos melhores personal trainers. E você pode se surpreender em saber que ele, às vezes, se vende por um preço baixo; certamente me surpreendi quando sentamos para uma sessão de coaching e ficou claro que as decisões que tomava sobre sua carreira baseavam-se em uma história infundada que contava a si mesmo. Essencialmente, ele acredita que pode adivinhar o que alguém vai dizer antes que a pessoa abra a boca. Aqui está sua história.

Mike não é somente um fantástico personal trainer, cujos clientes têm sido muito bem-sucedidos em alcançar uma boa forma física. Suas várias especializações na carreira o capacitam a treinar pessoas com problemas de saúde mental complexos e severos. Dessa forma, pessoas que lutam contra tentativas e pensamentos suicidas, que enfrentam depressão severa ou ansiedade, que mal conseguem sair da cama pela manhã, muito menos fazer uma hora de exercícios cardiovasculares, melhoram suas vidas muito rapidamente trabalhando com Mike. Lembre-se: estamos em Los Angeles, onde o treinamento pessoal e outros serviços são a "regra" e, talvez por isso, as pessoas costumam pagar mais aqui do que em outras regiões por esse tipo de trabalho. E, com tudo o que Mike oferece, ele podia cobrar praticamente o quanto quisesse. Entretanto, ele sempre fica extremamente hesitante em mudar seus preços. Quando discutimos sobre isso anteriormente, ele contou que, no bairro onde foi criado, as pessoas tinham um ponto de vista específico sobre os que saíram de lá e tiveram sucesso em outro lugar. Ele se referiu a isso como a mentalidade do "quem você pensa que é?" Pensei em partirmos daí em nossa conversa mais recente.

— Então as pessoas onde você cresceu têm a mentalidade do "quem você pensa que é?" —, perguntei.

— É, algo como: "Quem você pensa que é, tornando-se um treinador famoso e cobrando tudo isso por uma hora? Eu ganho isso por um dia inteiro de trabalho!" —, disse ele, com um grande sorriso.

— Sei. Eu diria que as vozes de sua família e as do bairro são seu bicho-papão. Você ainda se relaciona com alguém de lá?

— Na verdade, não —, respondeu, sacudindo a cabeça. — Acabou virando uma pessoa fictícia em minha mente. Até falo para meus clientes sobre as "vozes" em suas cabeças, as que os mantêm deprimidos ou que os fazem pensar que não podem conseguir mais. São bobagens do subconsciente que contamos para nós mesmos.

— Então, sobre esse rótulo do "quem você pensa que é?" que está se colocando, qual mensagem carinhosa poderia enviar no lugar dele?

— "Você merece, você consegue" —, disse ele na mesma hora.

— Sim, mas por que você acha que sente tanto medo em aumentar o valor da sessão?

— Não sei se sinto *medo* de algo. É mais esse diálogo interno que me constrange do que o medo em si —, afirmou.

— Digamos que teria que aumentar o preço para alguém que era sócio na academia e agora quer ser cliente particular. Como seria essa conversa? Eles telefonam e dizem: "Mike, gostaria de continuar treinando com você." Então você diz...

— Mencionaria o quão bem eles estão pelo tempo que treinamos juntos. Sou uma pessoa positiva e dou retornos positivos. Então discutiríamos onde iríamos treinar, se eles têm algum lugar e coisas assim —, explicou.

— Quando falaria sobre dinheiro?

— Provavelmente, logo depois disso.

— Como se sente quando eles perguntam o preço?

— Nervoso, disse ele.

— Você fica ansioso?

— Fico, tenho tendência a ficar ansioso quando o assunto envolve dinheiro —, respondeu.

— Certo, vamos detalhar um pouco mais. Um cliente que você está treinando na instituição psiquiátrica, e que está acostumado a lhe pagar um valor, quer se tornar cliente particular. Todos sabem o custo desse tipo de serviço. Na verdade, você atualmente está cobrando metade do que eles costumam pagar na instituição. Então, por que sente necessidade de cortar metade do valor?

— O processo na minha mente é que eles certamente serão meus clientes se eu der o valor mais baixo que puder.

— Então eles pagam dezenas de milhares de dólares por mês por cuidados psiquiátricos e estão *realmente* preocupados com o desconto de US$100 por sessão de treinamento particular? Não acha que está concluindo coisas que não existem? E está adivinhando como eles vão reagir? — perguntei, em tom de brincadeira.

— Acho isso engraçado —, ele respondeu rindo. — É minha mentalidade arraigada de operário considerando que é muito dinheiro para gastar nesse tipo de serviço.

ADIVINHAÇÃO OU APURAÇÃO DOS FATOS **109**

— Com você! Esse é seu tipo de serviço. Eles podem pagar mais pelo mesmo serviço em uma academia. Mas, com você, eles estarão treinando em casa, que é mais conveniente e podem até precisar de um acompanhamento *mais* atencioso na atividade, como com o envio de mensagens três vezes por semana. Esses clientes em particular realmente se beneficiam com esse suporte; eles querem continuar, porque confiam e gostam muito de trabalhar com você. Você, porém, está em um processo de adivinhação quando diz que eles não pagarão o que você vale. O oposto da adivinhação é a apuração dos fatos. Por isso, vamos olhar os fatos — continuei. — Primeiro, me diga como acha que se prejudica quando não cobra mais?

— É claro que me prejudica financeiramente. Podia estar trabalhando a mesma quantidade de horas e ganhando mais dinheiro, ou poderia cortar algumas e passar mais tempo com a família.

— E dinheiro é um fator estressante para você, não é?

— Sim. E não poder passar um tempo com minha família porque estou trabalhando também é um fator de estresse para mim. No momento, me organizei para ficar pelo menos um quarto do dia com meu filho. Porque tem vezes que não o vejo o dia inteiro.

— Você poderia ter uma lista do que oferece. Um os itens poderia ser treinamento, então você pode propor contactá-los três vezes por semana para verificar se estão indo caminhar pela manhã, seguindo a dieta, cumprindo o planejamento. As pessoas deixariam de *querer* mais de você?

— É provável. É provável —, ele disse, após pensar um pouco. — E também acho que, como treinador, sempre tenho em mente não sobrecarregá-los. Não exigir demais. Embora provavelmente devesse exigir um pouco mais e lhes oferecer isso. Aí é com eles.

— Parece que você fica aterrorizado pela rejeição —, comentei.

— Sim, é verdade. Essa é minha vida toda, o medo da rejeição.

— Sei. E parece que tem medo de que alguém lhe diga: "Por que você cobra tão caro?" Então só está prevendo o pior cenário e nem sequer está abordando o assunto. — Foi aí que notei um largo sorriso se abrindo em seu rosto. — Está disposto a estabelecer o novo preço com base nesta conversa? Por que está sorrindo...

Ele riu. — Sim. Sim. Entendi. O que me fez rir é que também vejo o quão ridículo isso é! Vejo o pessoal da ginástica fazer isso o tempo todo. Eles fazem toda uma encenação de que não conseguiriam fazer isso ou aquilo. Acho que você diria que eles estão adivinhando também. Não faço isso quando se trata de treino, mas vejo agora que faço quando se trata de dinheiro.

— Então digamos que agora está cobrando o dobro do preço atual por hora para ir à casa de alguém treiná-lo. O que, a propósito, é também seu tempo, deslocamento, energia, combustível e o luxo de alguém ir à casa deles para treiná-los. Porque, na verdade, rodar 12 km em Los Angeles leva cerca de uma hora e meia, então são três horas no carro, mais uma hora treinando o cliente. Você quer passar mais tempo com seu filho de 6 anos, e está disposto a gastar mais energia com os clientes. Assim, se tiver menos clientes, pode melhorar seus serviços, estará mais descansado, mais motivado e terá mais tempo livre. Então, vamos experimentar. Diga-me, por que merece cobrar esse novo valor?

— Tenho mais de 22 anos de experiência. Essa é uma razão. E diria que também trabalho há uns 17 anos cuidando da saúde mental das pessoas.

— Caramba, então há 17 anos você trabalha com pessoas que estão lutando contra depressão clínica e distúrbios crônicos, e se sente à vontade com elas, algo raro e diferenciado. Você trabalhou com equipes médicas.

— Sim —, disse ele, afirmando com a cabeça. E continuou. — E essa experiência se estendeu a todos os meus clientes. Não trabalho com esses distúrbios somente na clínica. Agora levo em consideração todos os aspectos da vida deles. Trato cada sessão como uma oportunidade de melhorar, curar ou atenuar alguma coisa. Estou sempre ajustando e ampliando os treinos. Meus clientes me contam que sou muito intuitivo quanto à necessidade deles no momento.

— Entendi. Então, digamos que uma pessoa liga para você e diz: "Oi, queria treinar com você. Quanto é?", e você diz a ela o preço novo. Vamos imaginar o pior cenário. Digamos que a reação dela foi: "Oh, minha nossa, eu pago a tintura *e* um permanente no meu cabelo com esse valor! Por que tão caro?"

Calmamente e com convicção, ele respondeu:

— Trabalho há 22 anos nessa área. Tenho enorme experiência não só como treinador, mas também competência em cuidados de saúde mental, de modo que você usufrui de um tipo de treino diferenciado, capaz de desenvolver um estilo de vida melhor do que só malhar.

— Você apresentou os *fatos*. Como se sente falando assim?

— É uma sensação boa. Muito boa —, disse ele com a confiança crescendo.

— Parece verdadeiro —, falei.

— É, parece. Ainda tenho um pouco da mentalidade "quem você pensa que é?", então me preocupo em soar como uma fraude.

— Acho que a oportunidade aqui é transformar esse "quem você pensa que é?" em "sei quem eu sou!" ou "vou lhe dizer quem eu sou! Sou o cara que faz isso há 22 anos. Sou o cara que trabalha há mais de 17 anos com pessoas que precisam de cuidados com a saúde mental e sou o cara que vai te ajudar a conquistar seus objetivos se ficar comigo. Trabalho em um nível mais alto e mais especializado, e seus resultados mostrarão isso. É *esse* cara que acho que sou". Porque é isso que você é, certo?

— Certo, afirmou.

— E alguns desses clientes, na verdade, precisam de apoio mais diferenciado, assim você também tem a oportunidade de passar para eles mais comprometimento. Chame de programa de comprometimento. Ele não será imposto a ninguém. É uma opção que realmente ajuda as pessoas. Gosto quando alguém diz para mim: "Veja o que posso fazer que pode ou não lhe ser útil." É prestar um serviço que alguém precisa para ajudá-lo a conquistar seus objetivos. Então, realmente, é uma oportunidade para você e seus clientes.

— É, isso mesmo —, comentou ele.

— Muito bem. Que lição você tirou disso?

— Que mereço cobrar mais caro. E que permiti que um pensamento subconsciente tomasse conta, como se nem estivesse consciente quando faço isso. Emocionalmente, entro em pânico e começo a desvalorizar a mim mesmo porque tenho receio do que vão dizer, e isso é completamente injustificável. Preciso ser mais confiante e olhar para os fatos, que são minha experiência e competência.

— Você estava interpretando as situações de maneira a não ver seu valor e o quão merecedor você é. Estava vivendo no obstáculo e praticando a adivinhação. Agora que está vivendo nos fatos e vendo as oportunidades, você tomou a decisão do que fazer em seguida. Temos um acordo, no qual você me ligará para contar como está se saindo. E talvez devesse contar para sua esposa, porque ela é seu apoio e o encorajará, certo?

— Certo!

— Provavelmente, ela dirá: "O Mike fala tudo o que vivo lhe dizendo!" Não é?

— É, sem dúvida.

Acredito plenamente que você recebe de acordo com o que paga, e cobra o que vale. Para se tornar um especialista em qualquer atividade, você deve conhecer os fatos de a estar exercendo. Um personal trainer de 21 anos de idade, que acabou de sair da faculdade, ainda não teve experiência suficiente para atender a um nicho da população. Mike, entretanto, dedicou-se anos a fio para ter a competência singular que tem; ele criou um treinamento híbrido, de vida e pessoal, do qual os clientes se beneficiam enormemente. Você pode estar na área de prestação de serviços há muito tempo, e o que as pessoas estão pagando é por seus anos de aperfeiçoamento profissional.

Mike recebeu o telefonema de um cliente em potencial alguns dias depois, e cobrou o valor novo. O cliente nem hesitou. Mike estava adivinhando o que as pessoas diriam se cobrasse um valor mais alto e ficou preso nisso por anos. No entanto, quando se ateve aos fatos, colocando todas as cartas na mesa, ele pôde facilmente perceber que o aumento do valor era justificável.

Em todo negócio de prestação de serviços, as pessoas normalmente dizem não gostar de falar sobre preços. Isso pode vir da falta de autoconfiança, de não acreditar em seu próprio valor, mas, em geral, em sua essência, se resume ao medo da rejeição.

Adivinhação:

- Adivinhar o que os outros pensam ou o que farão.
- Prever como uma situação se desenrolará.
- Catastrofismo — presumir o pior cenário.
- Ter opiniões baseadas em histórias que criamos em vez de basear-se em fatos.

Apuração dos Fatos:

- Reunir evidências lógicas.
- Perguntar qual é a opinião das pessoas em vez de adivinhá-las.
- Perguntar a um especialista no assunto.
- Apoiar-se em opiniões fundamentadas, e não em palpites baseados em narrativas.

O QUE É A ADIVINHAÇÃO?

Adivinhar é, fundamentalmente, agir em função do medo. É conjecturar achismos, supor sem informações. Quando adivinhamos ou fazemos suposições assim, estamos fazendo previsões com base em *narrativas*. Às vezes elas podem ser verdadeiras, e às vezes não são de forma alguma. Veja alguns exemplos desse tipo de previsão:

- Adivinhar o que alguém pensa.
- Achar que sabe como alguém se sente.
- Adivinhar o que as pessoas vão fazer.

- Prever como uma situação se desenrolará.

- Catastrofismo — presumir o pior cenário.

- Formar opiniões com base em histórias que criamos, e não em fatos.

A adivinhação remove o elemento da curiosidade porque envia à mente um resultado específico esperado. A vida, contudo, é muito imprevisível; não temos como saber as muitas variáveis em jogo em uma determinada situação, por isso é improvável que possamos prever a maioria das coisas com muita precisão. Assim como não tomaríamos decisões com base em uma bola de cristal, nos apoiar na adivinhação para tomar decisões em nossas vidas pode ser perigoso.

Por outro lado, há muitas coisas que podemos adivinhar que são verdadeiras com base em sucessos recorrentes. Por exemplo, se alguém deixa cair um objeto, posso prever que ele atingirá o chão graças a uma força invisível chamada gravidade. O que eu *não* posso prever é se alguém vai derrubar alguma coisa. Há, é claro, ocasiões em que prever o futuro, até certo ponto, é uma habilidade necessária, mas não chamo isso de adivinhação, chamo de previsão fundamentada. Quando um semáforo fica verde, podemos dar a opinião fundamentada de que os carros acelerarão e devemos esperar até que ele volte a ficar vermelho para atravessar a rua. Dá para ver a diferença: uma opinião fundamentada pode mantê-lo a salvo porque se baseia em fatos, e não em medos irracionais.

> A principal razão pela qual
> nos envolvemos com a adivinhação
> é pensarmos que ela nos
> protegerá da rejeição.

Ela pode evitar que tenhamos uma conversa potencialmente acalorada, ou de nos sentirmos decepcionados ou ansiosos; mas é orientada pelo medo ou pela precaução. Talvez achemos que alguém não mostrará interesse por um determinado assunto, mas sequer perguntamos. Muitas vezes *pensamos* ter fatos suficientes para fazer uma suposição, mas, na verdade, ainda não exploramos totalmente a questão. Um exame mais rigoroso quase sempre revela que aqueles "fatos" que tínhamos em mente eram pura ficção.

PRATICANDO A ADIVINHAÇÃO NOS RELACIONAMENTOS

À medida que conhecemos as pessoas em nossas vidas, começamos a compreender que tipo de comportamento ou situação pode irritá-las, e qual a melhor maneira de abordá-las para obter o resultado desejado. Essa é, na verdade, uma habilidade importante de vida; faz parte da intimidade e de realmente conhecer alguém.

Também é muito diferente de adivinhar. Adaptar nossa forma de dar certas informações a uma pessoa que conhecemos bem não é adivinhação.

Adivinhação é quando acreditamos que podemos, de fato, prever como exatamente uma pessoa reagirá, ou o que fará, pensará ou dirá, e assim evitamos abordar o assunto. Afinal, não somos responsáveis pelos sentimentos das pessoas. Mas podemos descobrir maneiras de nos comunicar com elas, de modo que se tornem mais propensas a receber positivamente a mensagem.

EM VEZ DISSO, QUAL FORÇA POSITIVA DEVEMOS USAR?

Quando estamos no modo adivinhação, podemos sempre optar pelo uso da FORÇA positiva de *apuração dos fatos*. Com ela, em vez das histórias que criamos em nossa mente, podemos garantir que nossas decisões sejam fundamentadas. Além disso, quando nos atemos aos fatos, somos mais capazes de tomar decisões de acordo com o nosso interesse e vindas da melhor versão de nós mesmos — e não aquelas influenciadas pelo medo.

Algo importante a ser considerado ao fazer conjeturas sobre alguém ou alguma coisa específica é questionar se isso realmente importa para você. Por exemplo, se estiver prevendo que alguém lhe detesta, pode ser verdade mesmo! Mas a grande questão é: você fica bem assim? Aprendi na minha vida que, por razões diversas, algumas pessoas não gostam de mim. E não sou o único que elas detestam! Não tenho controle disso, nem quero ter. Portanto, o *fato* em tudo isso é que, se alguém não gosta de você, é possível estar muito bem com isso. Pode ser que aquele sentimento tenha a ver com algo na criação delas, ou com alguma outra experiência de vida que tiveram. Ou seja, não tem nada a ver com você.

Quando tentamos prever como uma situação se desenvolverá, mas sem ter evidências sólidas, confiáveis e comprováveis para sustentar nossa previsão, não saímos do lugar: nos estressamos e perdemos oportunidades. Também não conseguimos tomar uma decisão porque nos deixamos envolver por um frenesi de medo. Porém, quando estamos sob total controle da FORÇA da adivinhação, pode ser difícil perceber o que está acontecendo. Aqui estão algumas outras maneiras pelas quais as pessoas tornam-se vítimas da adivinhação, que compartilho para que você possa identificar mais facilmente tal comportamento em sua própria vida, e optar por se concentrar nos fatos.

Talvez você tenha uma prova importante, uma atuação ou um evento em breve. E talvez tenha lutado no passado com algo similar — portanto, supõe-se que também será uma luta dessa vez. Independentemente de quanto tempo, esforço e energia você investiu na preparação, há uma sensação incômoda de que não dará certo.

É nesse ponto que essa FORÇA pode se tornar particularmente perigosa, já que corremos o risco de criar uma profecia autorrealizável. Se dissermos para nós mesmos que vamos fracassar em alguma coisa, isso pode muito bem acontecer porque foi essa a mensagem que comunicamos ao nosso cérebro! Nosso cérebro fará o que mandarmos: se o instruirmos a fracassar, é isso que ocorrerá. E é complicado ter motivação para trabalhar arduamente, nos preparar, estudar ou praticar algo se "soubermos" que fracassaremos. Além disso, quando ficamos ativamente prevendo que vamos fracassar, nos sentimos péssimos! E, quando estamos assim, não tomamos decisões alinhadas à nossa melhor versão. No entanto, se nos atermos aos fatos, podemos ver o quanto estamos

ADIVINHAÇÃO OU APURAÇÃO DOS FATOS 119

bem preparados com exemplos em que fomos bem-sucedidos anteriormente. Podemos olhar para outros momentos do passado em que também lutamos, agora reconhecendo que temos o poder de mudar, e reorganizar outras verdades dentro da situação.

Outra forma na qual ela aparece é quando concluímos que uma pessoa está reagindo negativamente a nós ou nos julgando. Sem nenhuma evidência concreta, apenas formulamos a crença de que elas pensam mal de nós, ou que nos criticam silenciosamente. Muito embora a pessoa provavelmente esteja em seu próprio mundo e nem sequer pensando em nós (quem sabe, talvez esteja apenas constipada!), essa pode ser uma força tão poderosa que criamos uma narrativa completa sobre como ela nos "odeia". Caramba! É fácil notar como isso pode levar a um caminho negativo e a falsas conclusões. Percebo muito isso quando as pessoas foram julgadas duramente por outras, ou pior, quando intimidadas no passado. Intimidações podem deixar marcas permanentes em nossa mente, e instintivamente nos protegemos para nunca mais passar por algo semelhante. Isso é compreensível, claro, mas se permitirmos que essa experiência do passado influencie nossa vida atual estaremos abrindo mão do nosso poder em favor do agressor. Não nos convém viver uma vida de indecisão, ou tomar decisões com base em uma experiência irrelevante. Em vez disso, precisamos fazer tudo o que pudermos para agir de acordo com o presente e dentro dos fatos.

A verdade é que não lemos mentes. Não podemos saber o que o outro está pensando — a menos que ele nos diga. Portanto, se é de fato importante saber o que uma pessoa pensa sobre algo, então teremos que perguntar a ela. Mas também diria que, se estamos valorizando muito o que os outros pensam sobre nós e permitindo que isso influencie nossas decisões de um jeito ou de outro, isso pode ser um sinal de que nossas prioridades estão fora de ordem. Se estamos nos estressando com o modo como alguém nos vê, é melhor optar por nos concentrar nos fatos que se relacionam com o Melhor de Mim. É sempre possível voltar à lista de seus melhores atributos, como escrevi no *Melhor de Mim*, e continuar a tomar decisões com base neles, em vez de nas opiniões dos outros.

FAZENDO DISSO UMA CAÇA AO TESOURO

Eu e uma amiga estávamos discutindo maneiras pelas quais ela quase sempre caía na armadilha do padrão da adivinhação em sua vida. Quando ela começou a colocar os fatos junto às suas previsões, ficou surpresa ao saber o quanto estava errada. Rapidamente, ela descobriu que se envolvera com achismos em muitas áreas de sua vida, e ficou muito animada para reverter esse hábito.

Ela tem um filho de 5 anos. Uma noite, durante o jantar, ele disse: — Mãe, tenho uma pergunta, mas sei que você vai dizer não. — Na mosca. Ela percebeu imediatamente o que estava acontecendo. Esses hábitos começam bem cedo!

Armada com seu novo conhecimento, ela respondeu: —Antes de você fazer a pergunta, quero fazer uma primeiro. Sabe o que significa adivinhação? — Ele acenou a cabeça negativamente. — Bem, adivinhação é quando você acha que sabe exatamente o que a outra pessoa vai dizer antes mesmo de fazer a pergunta. Você já fez isso?"

Ele riu e disse: — Sim! Mas é que eu sei mesmo! Ela disse: — Tá bom. Qual é a pergunta?

— Podemos ir nadar amanhã? — questionou ele, meio deprimido, certo de que a mãe diria não.

Ela replicou: — Por que você acha que eu diria não? Ele disse: — Porque você *sempre* fala não.

— Se sempre falo não para ir nadar, então como é possível que já tenhamos ido nadar? — retrucou ela.

Ele pensou um pouco naquilo. — Bem, você não diz não *sempre*. Mas dessa vez você vai dizer.

Então ela disse: — Antes de responder a sua pergunta, vamos fazer um joguinho. Você gosta muito de caça ao tesouro e de procurar moedas que as pessoas deixam cair na rua, não é? — Ele concordou enfaticamente. Caça ao tesouro era seu passatempo preferido, só perdia para nadar. — Certo, muito bem. Quero que pense nos fatos como se fossem o tesouro. Vamos brincar de caça ao tesouro dos fatos. Tá bom?

Ele ficou um pouco inseguro, mas, querendo brincar, disse: — Tá legal. — O que é um fato nos dias em que vamos nadar?

Ele pensou naquilo, e com os olhos brilhando, disse: — Eles são quentes!

— Certo! — disse ela. Vamos nadar nos dias quentes. Qual é o outro fato nos dias em que vamos nadar?

Ele exclamou: — Tem sol! Não está chovendo!

Ela riu e confirmou: — Exatamente! Vamos nadar quando está calor e tem sol. Como podemos descobrir se estará quente e ensolarado amanhã?

Ele apontou para o telefone dela e disse: — Vendo como estará o tempo!

— Boa ideia! Podemos caçar os fatos no aplicativo do tempo. Vamos ver —, ela olha no celular, — parece que vai estar bem quente e ensolarado amanhã. Então, faça sua pergunta de novo para mim.

— Podemos nadar amanhã? — perguntou ele, com um pouco mais de esperança.

— Sim! — respondeu ela. Ele bateu palmas e fez uma dancinha sentado na cadeira. Ela me contou que, após essa conversa, seu filho parava toda vez que começava a prever o que ela diria e, em vez disso, começavam a caçar os fatos juntos. Que ótima maneira de começar a vida: optar por deixar que os fatos tenham preferência sobre nossas experiências passadas ou previsões imaginadas.

AS FORÇAS (F) POSITIVA E NEGATIVA EM SUA TOMADA DE DECISÃO

Todos nós escolhemos não fazer certas coisas porque temos medo de que não nos sejam favoráveis. Para alguns, é pedir um aumento. Na história acima, foi prever a resposta da mãe. Para outros, é evitar relacionamentos por medo de ser rejeitado. A seguir, vamos investigar e descobrir se você está fazendo adivinhações ao procurar aperfeiçoar alguma área da sua vida no momento.

ADIVINHAÇÃO OU APURAÇÃO DOS FATOS 123

EXERCÍCIO

Como você pode adivinhar o futuro hoje em sua vida? Vamos descobrir.

Em primeiro lugar, olhe para a área de sua vida que você avaliou no Capítulo 2 como aquela que mais quer aprimorar. Ou, se há algo mais urgente acontecendo que precisa ser abordado, vamos observar isso. Escreva aqui:

_____

_____

_____

_____

A seguir, veja esta tabela de exemplos de adivinhação de pessoas com quem trabalhei, para ajudá-lo a perceber como ela acontece em nossas vidas. Na coluna à direita, fiz uma lista dos fatos de cada situação. Comparar os dois lados pode ajudá-lo a perceber a grande diferença dessas duas mentalidades.

ADIVINHAÇÃO	APURAÇÃO DOS FATOS
Não há empregos disponíveis para pessoas com meu conjunto de habilidades.	Há centenas de milhares de vagas de emprego abertas todos os dias nos Estados Unidos, não importa o que aconteça com a economia.
A economia não se recuperará nunca.	A economia já se recuperou antes.
Sou muito velho; ninguém me contrataria.	Pessoas com a minha idade já foram contratadas no passado.
Nunca me divertirei tanto estando sóbrio.	Há muitas pessoas sóbrias que dizem se divertir mais agora.
Nunca encontrarei um amor.	As pessoas se apaixonam todo o tempo, em idades e fases diferentes da vida.
Não consigo melhorar a saúde sem sacrificar boa parte do meu tempo.	Não dá para saber sem tentar, e o fato é que muitos hábitos saudáveis não tomam tempo algum.

Olhe agora para esta lista e veja em que ponto você está arranjando desculpas que o impedem de ter o que realmente quer em sua vida. Escreva-as na coluna "Minhas Adivinhações". Depois escreva os fatos na coluna "Minha Apuração dos Fatos".

MINHAS ADIVINHAÇÕES	MINHA APURAÇÃO DOS FATOS

Qual decisão tomar com base nos fatos que descobriu? Esse exercício auxilia a esclarecer cognitivamente qual é a verdade para você. Na tomada de decisões, não queremos agir com base no medo, e sim a partir dos fatos. Com isso, qual seria uma decisão com base nos fatos que você poderia tomar? Ou está em paz com as coisas do jeito que estão? Escreva sua resposta aqui:

_____

_____

_____

_____

_____

Finalmente, vamos pensar nas razões comuns pelas quais nos envolvemos com adivinhações. Você adivinha a partir do/da:

Medo? Se sim, explique. _____

_____

Precaução? Se sim, explique. _____

_____

Distração? Se sim, explique. _____

_____

APURANDO OS FATOS COM BRAD

Recentemente atendi a Brad, que já trabalhava na mesma empresa há bastante tempo e estava pronto para mudar. Mas ele estava absolutamente paralisado. Tinha certeza de que queria ir embora e suas razões faziam sentido. Porém, estava tão convencido de que seu empregador o "prejudicaria" que ele não conseguia tomar uma atitude. Lembro-me dele andando de um lado para o outro em pânico, pensando no quão terrível aquilo poderia ser, e tentando montar uma estratégia de como lidaria com aquilo quando fosse a hora. Ele disse coisas como: "Eles vão arruinar minha reputação, eu sei." De fato, a principal razão pela qual ele havia me procurado para ajudá-lo a refletir foi para que o ajudasse a planejar o que fazer quando a empresa tomasse medidas contra ele — estava se preparando para algo que possivelmente nunca aconteceria.

Quando lhe perguntei quais evidências ele tinha para prever que reagiriam dessa forma, e tentariam arruinar suas chances de conseguir outro emprego, ele não tinha nada substancial. A maioria das informações de que dispunha eram rumores de outro funcionário que saíra da empresa e esta havia se recusado a recomendá-lo. No entanto, quando Brad me contou os detalhes, as circunstâncias eram totalmente diferentes da situação dele. Esse funcionário em particular tinha ficado por pouco tempo, havia mentido em seu currículo e fora até denunciado ao RH por diversos incidentes. Portanto, aquela "evidência" que Brad estava usando para provar sua previsão não era válida.

Veja, Brad estava adivinhando o que seu empregador faria em relação à sua saída, mas, ao começarmos a fazer o oposto — o que significa apurar os fatos —, logo ficou claro não haver nenhuma base para suas adivinhações. Suas previsões eram alicerçadas no medo, não em *fatos*.

Após dissecarmos a situação, ele percebeu duas coisas: primeiro, que suas adivinhações não o estavam ajudando. Assim como viu que o obstáculo que pensou que enfrentaria (a empresa iria arruiná-lo) não era, na verdade, *real*. Depois dessa constatação, Brad se acalmou consideravelmente porque agora ele estava agindo a partir da razão e da lógica, e não de adivinhações e ficção. Ele tomou a decisão de entregar sua demissão. Uma vez que o fez, não ficou sentado esperando por más notícias ou se sentindo ansioso com o possível resultado. Ele havia tomado sua decisão e interrompeu o impulso de se entregar às adivinhações, concentrando-se nos fatos que tinha em mãos. Dessa forma, ficou em paz com sua decisão.

Na mesma semana, a empresa que ele estava deixando enviou uma excelente recomendação a seu novo possível empregador e lhe ofereceu um pacote generoso de benefícios. Até hoje ainda fazem negócios juntos; eles têm uma relação muito forte de trabalho. Foi realmente o melhor resultado possível e um que ele nem pensou que poderia acontecer quando começamos a conversar, pois estava demasiadamente envolvido pelo terrível ciclo da adivinhação. Quanto mais ele pensava nisso, mais acreditava na narrativa que tinha criado e estava totalmente cego às possibilidades positivas. Foi necessário promover uma apuração dos fatos para tirá-lo daquele estado de espírito e fazê-lo raciocinar logicamente.

TOMADA DE DECISÃO DIANTE DE FATOS

À medida que formos adiante, decidiremos ficar baseados nos fatos — assim, poderemos tomar decisões com nossa melhor versão para alcançar uma vida melhor. O desejo de lembrar o que ocorreu no passado, em vez de permanecer no presente, pode ser poderoso, por isso é preciso estar atento e ficar ciente disso. Quando adivinhamos o futuro, criamos mais ansiedade em nossas vidas, o que nos faz tomar decisões que não nos levam para uma vida melhor. Ninguém pode prever o futuro. Mas o que podemos fazer é nos concentrar na verdade em vez de em uma falsa realidade, o que permite a cada um de nós tomar decisões com o Melhor de Si Mesmo. Se estiver em dúvida, deixe que os fatos o orientem.

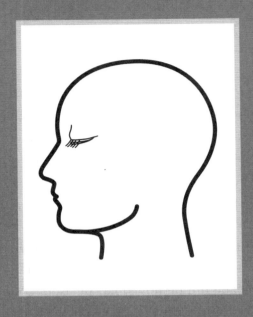

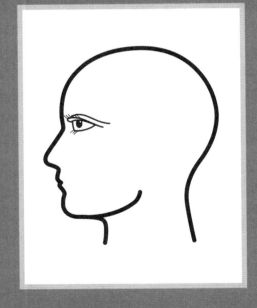

6

FORCE

SUPERGENERALIZAÇÃO OU PENSAMENTO OBJETIVO

Ao supergeneralizar, estamos "tirando uma conclusão ou fazendo uma declaração sobre algo de modo mais amplo do que o justificado pelas evidências disponíveis". Essa FORÇA pode afetar a maneira como pensamos a vida e encaramos os obstáculos que surgem, e até mesmo como vemos a nós mesmos e nossas capacidades. Trata-se de uma maneira de pensar que não vem do Melhor de Mim, porque limita seriamente nossa visão e pode nos enganar também na tomada de decisões.

As imagens no início do capítulo mostram uma pessoa com os olhos fechados e outra com os olhos abertos. A primeira expressa o conceito de mente fechada, e significa que não estamos considerando toda a situação. Acreditamos que já temos todas as informações que precisamos. Quando nossos olhos estão bem abertos, estamos vendo toda a situação e tomando uma decisão autêntica.

A maneira mais fácil de entender a supergeneralização é considerar como os simpatizantes de um partido político se referem aos do partido adversário. É comum rotularem-se uns aos outros, e rotular é uma forma de supergeneralização. Um conservador radical pode dizer que "todos os liberais são socialistas, que não são patriotas e deveriam se mudar para outro país", o que, é claro, não corresponde à realidade. Essa pessoa pode basear sua opinião nas palavras ou ações de um político liberal em particular, mas não é correto aplicar esse rótulo a *todos* os liberais. Por outro lado, um democrata convicto poderia dizer que os republicanos "são todos uns idiotas homofóbicos que odeiam o meio ambiente", o que, novamente, é um exagero impossível de ser verdadeiro para um grupo inteiro de pessoas.

Pensar objetivamente é o antídoto da supergeneralização. Quando somos objetivos, não estamos generalizando alguma coisa ou nos baseando em crenças antigas ou até mesmo populares. Estamos olhando para um obstáculo pelo que ele é em vez de aplicar uma falsa lógica à situação. Em especial quando se trata de como nos vemos, o pensamento objetivo pode nos ajudar, e facilmente, a nos fundamentar em nossa autenticidade.

Acredito que uma das ocasiões em que somos mais suscetíveis a quaisquer FORÇAS negativas é quando fazemos algo novo. Quando começamos em um emprego, por exemplo, queremos nos apresentar em nossa melhor versão, que nossos colegas e gerentes gostem de nós, e arrasar em nosso novo cargo. Mas, se surgem adversidades — parece que alguém não vai com a nossa cara logo de primeira ou cometemos algum erro em alguma tarefa —, podemos começar a pensar que não somos bons ou aquele não é o trabalho certo para nós. É assim que a FORÇA da supergeneralização pode parecer: julgamos a nós mesmos, ou experiências inteiras, a partir de incidentes isolados. Mas imagine se julgássemos todo o trabalho a partir de incidentes isolados: não ficaríamos nunca em cargo nenhum por mais do que alguns dias!

SUPERGENERALIZAÇÃO OU PENSAMENTO OBJETIVO 133

Descobri que os pais tendem, com grande frequência, a supergeneralizar a respeito de si mesmos e de suas habilidades em educar. Kelly, uma colega minha, compartilhou recentemente que trava uma incessante luta interna com esse fenômeno. Ela disse: — Leio livros sobre educação e estou sempre me atualizando com as pesquisas mais recentes, e uma das coisas mais importantes que aprendi é que devo evitar gritar com meu filho. Li a pesquisa e sei que gritar pode ser prejudicial. E, com isso, acabo colocando muita pressão em mim mesma. Tipo, uma *tonelada* de pressão. Às vezes acho que vou morrer esmagada debaixo dela. Mas, de fato, não quero ser uma mãe louca que fica gritando o tempo todo, que fica "fora de si" com coisas pequenas. Apesar disso, se meu dia no trabalho foi difícil, ou se estiver exausta por alguma razão e meu filho tiver um ataque na hora de escovar os dentes ou começar uma choradeira sem fim, vou bufar, ficar nervosa e explodir gritando ordens. Perco a cabeça e, mesmo sabendo que preciso me acalmar, é muito difícil parar depois que comecei.

Antes de ela continuar, perguntei: — De que jeito você fala?

Com um longo suspiro, ela respondeu: — Tem certeza que quer ouvir? — Concordei e ela, tomando fôlego, fechou os olhos. Quando os abriu, tinha um olhar selvagem, e disse: — Algo assim: "Matthew Stephen Jones, juro por Deus, é melhor você parar de se comportar assim e me ouvir agora mesmo, ou fica sem TV por uma semana!"

Levantei as sobrancelhas, sorri e disse: — Intenso, não?

Ela se descontraiu um pouco, dizendo: — É, e isso não é nada. Você não tem ideia. Tenho tanta vergonha quando fico assim. É como se me deixasse levar pela raiva, frustração e exaustão. Só ponho para fora, parece lava explodindo de um vulcão. É horrível.

— E depois, quando pensa nesses incidentes, como você se sente?

— Bem, esse é o problema. Fico me julgando duramente por um tempo. Comecei a achar que era uma mãe horrorosa. Sabe, a pior mãe da história do mundo. Mas o que descobri é que, quanto mais falo para mim mesma que sou uma mãe horrível, mais acabo gritando com ele. E fico nesse ciclo terrível. Por isso comecei a pensar com que frequência isso acontece em comparação com as vezes em que eu e meu filho temos uma interação positiva. Quando me afastei e observei a situação objetivamente, pude ver que na maior parte do tempo eu era o que considerava uma "boa" mãe. Mostro para meu filho meu lado amoroso e normalmente sou calma, compreensiva e carinhosa. Temos um ótimo relacionamento. Acho que preciso pegar leve comigo. E, quando parei de me rotular como uma mãe má, percebi que fui capaz de ficar calma quando a situação se torna caótica, ou quando ele está nervoso. Em vez de perder a calma, fico serena e trabalhamos juntos para enfrentar a situação.

Concordei e falei: — Então você estava supergeneralizando ao deixar alguns incidentes ocasionais de descontrole ditarem sua opinião sobre você como mãe. Para superar isso, passou a pensar objetivamente para criar uma avaliação precisa de como estava se saindo. O que falei está certo?

Ela sorriu e disse: — É isso aí! Foi o que funcionou para mim. Sei que estou fazendo o melhor que posso e isso me ajuda a ser o mais objetiva possível. Admito que é difícil, mas está sendo útil.

Kelly descobriu como quebrar padrões de supergeneralização usando a força do pensamento objetivo. E isso a levou de volta à sua autenticidade; ajudou-a a ver que o Melhor de Si Mesma nunca a rotularia como uma mãe ruim. Quando estamos olhando para algo com objetividade, significa que vemos a situação como um todo, em vez de compartimentalizar e ficar hiperfocados em momentos específicos no tempo ou em eventos específicos do passado. Quando você considera *todas* as partes de um todo, é capaz de julgar com muito mais precisão.

O CICLO DA CRENÇA NA SUPERGENERALIZAÇÃO

Quero que você saiba o quão rapidamente pode fazer mudanças aproveitando a FORÇA positiva. Por isso, compartilho agora uma sessão de coaching que fiz com Eva, uma colega. Quando ela chegou em minha casa, fiquei surpreso com sua aparência. Havia muita tristeza em seus olhos e ela parecia sobrecarregada, arrastando-se da melhor forma que podia. Conheço Eva há anos e sabia que ela não era assim normalmente, mas aquela era a primeira vez que sentávamos para discutir o que estava acontecendo em sua vida. Veja como ocorreu essa conversa.

— Acho que você sabe que uma das coisas mais importantes na minha vida sempre foi ajudar os outros. Sou cofundadora de uma casa de apoio psiquiátrico, e ela tem sido meu principal interesse.

Sei que Eva se dedica muito ao trabalho, e todos na comunidade de recuperação a conhecem por seu coração enorme. Concordando enfaticamente, repliquei: — Sim, você tem feito coisas maravilhosas lá. E sei também que tem muitos filhos, não é?

Radiante ao pensar neles, ela disse: — Sou mãe solteira com filhos adultos. Tenho três filhos, com 31, 30 e 12, e uma filha de 27 anos de idade.

— Que beleza. Quatro filhos! E você está sóbria há quanto tempo?

— Estou sóbria há 19 anos. Era viciada em metanfetamina, álcool e fumava maconha; na verdade, qualquer coisa que me fizesse cair no esquecimento.

— Sei. E sobre seus filhos... acho que mencionou que eles têm pais diferentes?

Imediatamente ela abaixou os olhos, parou por um momento, parecendo reunir forças, e depois continuou: — Isso mesmo. Faz parte da minha história. Todos os meus filhos têm pais diferentes. Quando nasci, minha mãe teve tuberculose e acabei pegando, então me internaram imediatamente em um hospital infantil, onde fiquei em meu primeiro ano de vida. Era assim que eles lidavam com isso no passado; só mais tarde descobririam a cura, e isso significou muitos meses no hospital. Só percebi quando tinha 30 anos, mas, porque me separaram da minha mãe quando nasci, nós não tínhamos nenhum vínculo. Comecei minha vida em um ambiente hospitalar estéril e não havia muita interação humana. Desenvolvi o que é chamado de transtorno de apego reativo.

Eu poderia dizer que ela já tinha contado essa história antes, mas é uma parte significativa de seu passado e foi preciso força para recontá-la. Ela continuou: — Depois, como adulta, escolhi relacionamentos que não tinham qualquer tipo de intimidade. Na verdade, um desses homens era esquizofrênico. Outro, extremamente violento, acabou deportado porque quase me matou. — Ela se calou, respirou fundo e continuou: — E um deles descobriu-se depois que dirigia uma das maiores redes de pornografia infantil nos Estados Unidos. E confiei nele para cuidar de meus filhos diariamente. Foi um dos maiores arrependimentos da minha vida. Soube mais tarde que ele abusou sexualmente de um dos meus filhos. Ele foi preso, e até hoje está na cadeia. Foi terrível quando tudo aconteceu. Saiu nos jornais e tudo o mais. Horrível.

SUPERGENERALIZAÇÃO OU PENSAMENTO OBJETIVO **137**

Mudando um pouco a conversa, perguntei: — Você devia ser muito nova quando teve seus filhos. Quantos anos tinha?

— Tinha 20 quando tive o primeiro, e 21 quanto tive o segundo.

— E na época estava sóbria?

— Do jeito que me lembro, eu não estava *consciente*. Entende? Não era de todo viciada em drogas; tinha mais o vício de ter relacionamentos, achar alguém que me amasse e cuidasse de mim. Sou de família mexicana, e para mim era isso o que todos faziam.

— E o pai de seu filho de 12 anos?

— Eu o conheci quando estava sóbria. Entrei no relacionamento sem ter trabalhado todos os meus problemas, apenas o vício em drogas. Bem, casei com ele assim mesmo. Ele estava sóbrio do vício em sexo até deixar de estar. Foi uma grande ilusão. Tínhamos uma casa e tal. Engravidei, logo depois fiquei sabendo de todas as traições, de seus relacionamentos sexuais fora do casamento. Eu o deixei e comecei um tratamento. Graças a Deus. Conheci pessoas que me ajudaram muito. Fiz muita terapia, trabalhei minha criança interior e fiz as pazes com meu passado, principalmente com meu trauma de nascença. Finalmente, tudo fez sentido; todas as decisões que tinha tomado.

Só de falar sobre a terapia que fez pareceu lhe dar mais energia. Ela parecia menos agitada, como se estivesse respirando mais profundamente. — Obrigado por compartilhar tudo isso comigo. Se pensasse nos problemas de sua vida, como os colocaria em poucas frases? — Seria assim: ficarei sozinha. Serei pobre. Vou me lamentar por não ter tudo o que sonhei.

— Há quanto tempo você tem esses pensamentos? — perguntei.

— Eles vão e voltam, mas provavelmente por toda a minha vida.

— Você se lembra de ter esses pensamentos quando era criança?

— Sim, tinha medo às vezes, via meu pai alcoolizado e ficava com medo, me sentia insegura, como se fosse ficar só. Entende o que quero dizer?

— Entendo. Diria que esse é seu bicho-papão, uma coisa que carregamos até a vida adulta, que não existe, mas que fomos condicionados a acreditar que sim. O monstro embaixo da cama parece real e procuramos por sinais dele; alguns eventos podem servir de gatilho para nós. Seu bicho-papão é o temor de ficar sozinha, pobre e com arrependimentos.

Lágrimas escorriam de seus olhos. Calmamente, ela confirmou: — Isso mesmo.

— Então, aí vai o que acho que devemos fazer. Existe algo, que me refiro como a FORÇA, que nos direciona em nossas tomadas de decisão. Ela representa maneiras específicas pelas quais tendemos a perceber as situações, são padrões em que acabamos caindo por uma razão ou outra. Uma delas é a supergeneralização, e penso que você tem feito isso.

Ela acenou com a cabeça e se mexeu um pouco na cadeira.

— Consegue perceber para onde estou indo? — perguntei, sorrindo. — Sim, acho que sim —, respondeu ela.

— Certo, vamos falar no que você acredita, ou teme, que é acabar sozinha. De onde acha que veio isso?

Quase ansiosa para responder à pergunta, ela disse: — Tive quatro relacionamentos que foram desastres absolutos. Para ser franca, tive sorte de ter sobrevivido a eles.

— Se pensarmos na ideia de supergeneralização, que consiste em nos julgarmos com base em incidentes específicos, você acha que é isso que está fazendo em termos de relacionamentos?

— Bem, sei que tenho muito medo de entrar em um relacionamento agora.

— Mas está com a mente aberta para entrar em um?

— Às vezes sim, às vezes não. Não sei escolher o homem certo. Costumo me dar mal —, disse ela.

— Está aberta para a ideia de que pode melhorar sua escolha?

— Sim, disse ela.

— O rapaz que escolheu quando estava sóbria era melhor do que os anteriores?

— Sim, um pouco.

— Mas, quando pensa em namorar, imagina coisas do tipo: "Oh, isso vai ser um desastre, porque no passado foi assim"? perguntei. — Ah sim, digo coisas assim. Uma pessoa me disse para entrar em um aplicativo de namoro e falei: "Com a minha sorte, vou escolher um serial killer." — Ela riu, mas estava claro que não estava brincando.

— Quando você olha para isso como um obstáculo para ficar sozinha e supergeneraliza, dizendo que todos os homens que escolheu foram ruins, não há um meio-termo, seus pensamentos vão de um extremo ao outro. Diria que isso é verdade?

— Sim — disse ela, lutando contra as lágrimas.

— Certo, agora vamos tentar ver isso como uma oportunidade. Então, quais são os fatos se encarar como uma oportunidade?

— Já tive relacionamentos no passado, fiz um trabalho de reabilitação, passei muito tempo comigo mesma, estive em um relacionamento comigo mesma, abri um negócio, fiz parte de um negócio de sucesso. Mas aí chego *naquela* parte —, comentou ela, rindo alto.

— A parte de ficar sozinha? — perguntei. Ela concordou. Então lhe falei: — Como poderia estar aberta à ideia de *não* ficar sozinha?

Pensando, ela replicou: — Indo a um encontro?

— Sim, você poderia ir a um encontro. Poderia pensar nisso de um modo diferente.

Sem pestanejar, ela disse: — Mas e se eu nunca encontrar a pessoa certa?

Veja, eu coloquei — Sou um homem solteiro. As pessoas poderiam olhar para minha vida e dizer: "Por que ele é solteiro? Por que não ficou com ninguém nos últimos dez anos"? "Por que ainda não se estabeleceu"? Poderiam dizer isso, mas tenho fé suficiente no universo, no sentido de que mesmo nossas experiências ruins nos deixam mais fortes, melhores. Na verdade, não temos controle. Não podemos controlar que outras pessoas nos queiram e não podemos nos controlar em querer outras pessoas. — Fiz uma pausa, e então disse: — E penso que isso tem a ver com a história que está contando a si mesma: que você, de alguma forma, é um fracasso, só se dá mal em relacionamentos e tem medo porque não acredita em sua capacidade de julgar o que é melhor para si mesma. Isso descreve bem sua situação?

Agora começando a chorar, Eva afirmou: — Sim, descreve.

— Então, isso é uma história, independentemente do relacionamento, é só parte do que a levou a pensar nos relacionamentos como obstáculos e experiências ruins, e que você já não é boa o bastante, e não sabe o porquê. E está com medo de ficar sozinha, mas... você está sozinha no momento e está indo bem. Certo?

Agora rindo, ela comentou: — É, mas estou ocupada e não penso sobre isso. — Anteriormente, você mencionou um sonho. Qual é seu sonho? Quero dizer, olha só para você, já tem quatro filhos, que são artistas, saudáveis e criativos.

SUPERGENERALIZAÇÃO OU PENSAMENTO OBJETIVO 141

— Adoro ficar com meus filhos, eles são muito talentosos. Adoro assistir às apresentações deles; ver o quanto são bem-sucedidos e que nós conseguimos superar tudo isso. Poucas pessoas conseguiriam passar por cima do que nós passamos.

— E essa é você, alguém que conseguiu sobreviver, aprendeu e amadureceu. O que há para lamentar, então, como você mencionou antes?

— Acho que é mais pesar por mim mesma, entende? Lamento estar sozinha, olhar para o futuro e me ver sozinha. Não quero ser uma senhora de idade morando sozinha em um apartamento. É um pensamento assustador. É isso o que quero dizer.

— Mas você tem se saído bem. Quatro pais diferentes, situações supercomplexas. Você conseguiu superar isso tudo e ter um negócio rentável, então sabemos que é capaz de fazer as coisas por sua conta.

— Acho que apenas não sei se sou capaz de encontrar um bom relacionamento.

— Veja: quando você diz isso, está supergeneralizando de novo. Está dizendo a si mesma que, porque já esteve em relacionamentos ruins no passado, sempre terá relacionamentos ruins. Que tal você deixar de supergeneralizar, algo que acontece quando conta a si mesma aquela história de sempre se dar mal, e em vez disso começar a pensar objetivamente? Aí você poderia tirar o foco do medo de repetir um padrão e ver que *é* capaz de escolher a pessoa certa, ou que, na verdade, está em paz sozinha. Com isso, pode ser mais receptiva a todas as possibilidades e oportunidades. Você já escolheu alguém que não era saudável para você no passado? Sim, todos já escolheram! Mas não quer dizer que sempre farão isso no futuro! E nossa cultura tem essa crença sobre a necessidade de se casar, de encontrar "seu grande e único amor". Mas a verdade é que essa não é a realidade para todos, e não há problema que seja assim.

A estatística me apoia nesse ponto também, mostrando que casamento não é garantia de amor duradouro; a taxa de divórcio nos Estados Unidos continua a oscilar em torno de 50%.

Ela comentou: — Isso faz sentido, sem dúvida. Quero contar a mim mesma uma história diferente, de verdade. Trabalhei tanto para mudar toda essa negatividade, com terapia e tudo o mais. Mas, às vezes, me sinto frustrada com isso ainda dentro de mim.

— Suas crenças sobre si mesma?

— Sim, sei que há um bloqueio por causa disso. Esse medo está... ali. Não quero mais sentir medo. Sei que é importante para mim, que sou importante e que tenho valor. Acho que apenas esqueço.

— Qual decisão poderia tomar hoje para que não se esqueça de que você merece e é capaz?

Ela parou por um momento e, então, disse: — Acho que preciso me reconectar com meus verdadeiros amigos, as pessoas em quem confio e que acreditam em mim.

— Parece uma ótima decisão. Então seu primeiro passo é ampliar sua vida social e, dessa forma, criar uma comunidade que a lembre do quão legal você é. Como pode fazer isso?

— É questão de me programar, de arrumar tempo para isso — disse ela, com determinação na voz.

— Então, como pode se fortalecer quando sair daqui hoje? Mudar de "ficarei sozinha, pobre e me lamentando" requer qual ação?

— Passarei mais tempo socializando. Tenho alguns amigos aos quais posso ligar hoje — disse ela.

SUPERGENERALIZAÇÃO OU PENSAMENTO OBJETIVO **143**

— Legal. Você está se comprometendo com sua vida social. Em relação a encontros ou relacionamentos, sente-se melhor em não tomar nenhuma decisão neste momento?

— Sim, nenhuma decisão sobre relacionamentos agora. Quero fortalecer minha vida social, cuidar de mim e depois estarei melhor para pensar sobre um relacionamento.

— Ótimo. Acha que está pronta para os próximos passos?

— Sim! Estou mesmo — disse ela, com confiança renovada.

Quando terminamos de conversar, os olhos de Eva estavam mais brilhantes, ela parecia verdadeiramente mais leve. Ela tinha experimentado um avanço que ocorreu em virtude da mudança de perspectiva. Eva deixou de se sentir derrotada, desanimada e triste, porque tudo o que via eram obstáculos, e passou a se sentir iluminada, fortalecida e animada quando passou a ver oportunidades. Especificamente, ela começou a ver de que maneiras estava supergeneralizando seus relacionamentos íntimos. Essa conscientização lhe possibilitou escolher ser objetiva e compreender que seu passado não tem que ditar seu futuro. O medo de ficar sozinha não podia mais mantê-la presa na mentalidade do obstáculo.

De fato, Eva "reuniu as tropas" e imediatamente ficou cercada de amigos que iriam ajudá-la a permanecer objetiva. Ela reuniu uma equipe que a motivou, inspirou e, o mais importante, a ajudou a tomar decisões com o Melhor de Si Mesma. E quer saber? Na última vez que conversamos, ela disse que a última coisa que pensa é ter um relacionamento. "Se acabar como uma velha senhora sozinha em um apartamento? Ligo para meus amigos e os convido para ir me visitar!" Ela saiu da supergeneralização, à qual incorreu por acreditar que sempre se dava mal nos relacionamentos e que com certeza acabaria sozinha, para olhar essa questão de forma objetiva, percebendo que era perfeitamente capaz de escolher um relacionamento saudável, mas que, de qualquer forma, não queria ou não precisava de nenhum agora!

Quero dizer novamente: esse tipo de transformação não requer anos de terapia. Trata-se verdadeiramente de mudar sua perspectiva, e pode certamente ser realizado pela identificação da Decisão Poderosa que você pode tomar em direção a uma vida melhor.

A FORÇA POSITIVA: PENSAMENTO OBJETIVO

Observe a comparação entre essas duas FORÇAS, e repare as grandes diferenças entre as duas perspectivas.

Estamos pensando objetivamente quando temos nossos olhos bem abertos e vemos todos os aspectos da pessoa ou da situação em vez de permitir que uma noção preconcebida oriente nossa opinião. O pensamento crítico é essencialmente um sinônimo da objetividade: ele elimina nossa ignorância.

O pensamento objetivo nos permite ser curiosos, deixar de lado nossas suposições. Ser objetivo nos liberta para ter novas ideias e adotar novos sistemas de crenças. Quando pensamos objetivamente, em vez de ter a visão limitada presente na supergeneralização, somos mais capazes de evoluir em nossas vidas. A progressão vem do pensamento objetivo. E também acredito que ela nos possibilita ser empáticos e compassivos para conosco e para com os outros. Por causa disso, há mais paz — interior e exterior — quando estamos pensando objetivamente.

Supergeneralização:

- Tirar conclusões baseadas em apenas um incidente.
- Rotular grupos inteiros com base em uma pessoa ou em uma experiência.
- Rotular a nós mesmos como resultado de um evento.

Pensamento objetivo:

- Considerar todos os aspectos de si mesmo, de outras pessoas ou de uma situação, e não somente de um momento isolado.
- Ser curioso e flexível.
- Explorar novas crenças, adotar novas ideias e novas formas de pensamento.
- Mostrar empatia e compaixão; melhorar a habilidade em apreciar o ponto de vista de outras pessoas.

SUPERGENERALIZANDO EM SOCIEDADE

Embora este capítulo se concentre nas maneiras como a supergeneralização pode desviá-lo de suas tentativas de reinventar, evoluir ou atingir um ponto de inflexão para criar uma vida melhor, quero lhe dar um breve exemplo de como essa forma de pensar pode se refletir na sociedade como um todo. Penso que devemos estar muito conscientes para que a evitemos.

Muitas vezes, levo minha labradoodle, Vida Maria, para passear. Se você tiver um pet, deve saber o quanto esses animais significam para nós e como queremos cuidar muito bem deles. Quando ela e eu estamos passeando à noite, encontramos vários indivíduos em situação de rua. Alguns, infelizmente, parecem sofrer de doenças mentais, outros me disseram que foram expulsos de suas casas; uns eram viciados em drogas, outros não. Suas histórias de vida são variadas; nenhuma delas é exatamente igual.

Muitas pessoas sem-teto com quem conversei, enquanto passeava, eram gentis. Perguntavam como eu estava, faziam carinho na Vida e diziam coisas como "Deus te abençoe" e "Obrigado por conversar comigo e não fingir que não existo". Conheci alguém, no entanto, que não era gentil comigo. Ele tentou cuspir em mim, e muitas vezes se dirigia a mim e a outros de modo grosseiro. Vou me referir a ele como Dave. Ouvi de vários vizinhos que eles também tiveram experiências "interessantes" com Dave. De fato, o dono de uma barbearia me contou que Dave parou diante da janela da frente, abaixou as calças e ficou se mostrando para todos que cortavam o cabelo. Novamente, o comportamento de Dave não é de modo algum representativo do comportamento da população dos sem-teto no meu bairro, ou na sociedade. Mas ele chama muita atenção para si mesmo com as escolhas que faz.

Fiquei curioso para saber como meus vizinhos viam a população sem-teto, então fiz uma pequena pesquisa informal entre alguns conhecidos. A maioria deles não estava muito preocupada ou tinha respostas compassivas e queria fazer alguma coisa para ajudá-los. Mas uma pessoa imediatamente fez uma careta quando lhe perguntei e disse, venenosamente: — Você soube o que aquele sem-teto fez outro dia? Ficou pelado na frente dos outros. Nojento. Os sem-teto são horríveis. Eles são a desgraça da vizinhança, desvalorizam o preço de nossas casas e são criminosos. A polícia devia pegar todos eles.

Ele tem direito à sua opinião, mas compartilho isso porque é um excelente exemplo de supergeneralização. O comportamento de Dave foi inapropriado e ilegal? Sim. Mas faz sentido ou é justo apontar o comportamento de um sem-teto e sugerir que seja representativo de toda uma população? Absolutamente não. Supergeneralizar com relação a pessoas é perigoso e antiético. Temos que vigiar nossa autoconsciência e ter certeza de que não estamos julgando grupos de pessoas com base em uma experiência ou em uma pessoa. Tenho certeza de que você pode ver como o racismo, o sexismo e todos os "ismos" têm suas raízes na supergeneralização, e por que queremos ser tão cautelosos nessa questão.

COMO NOSSOS CÉREBROS PODEM NOS ENGANAR COM A SUPERGENERALIZAÇÃO

Às vezes, nossa tendência em supergeneralizar pode parecer uma reação intempestiva. Não fazemos de propósito; é apenas um hábito. Isso por causa dos atalhos que nossos cérebros criam. Como você sabe, nem todo problema que enfrentamos na vida nos dá tempo para ponderar nossas decisões. Muitas vezes precisamos fazer um julgamento rápido e seguir em frente. Nossos cérebros são programados para reduzir essa complexidade criando atalhos.

Um desses atalhos tem a ver com a representatividade; é quando ignoramos estatísticas e nos concentramos em exemplos mentais ou estereótipos. Podemos comparar uma situação no presente com o exemplo mental mais representativo que podemos pensar. Eis um exemplo: digamos que você está tentando decidir se alguém é confiável. Você pode comparar o aspecto da pessoa com um dos exemplos mentais que possui. Talvez uma senhora idosa o lembre da aparência de sua avó (tem idade próxima, usa roupas similares ou tem o mesmo penteado), então automaticamente você presume que ela é parecida com sua avó de outras maneiras: que ela é doce, gentil e confiável.

Outro atalho comum que usamos é quando tomamos decisões com base na facilidade que temos de trazer algo à mente. Quando precisamos tomar uma decisão, podemos recorrer a exemplos relevantes que vimos ou vivenciamos. Com base nos exemplos que conseguimos rapidamente lembrar, podemos acreditar que essas são as ocorrências mais comuns ou frequentes. Veja um exemplo: ao planejar uma viagem e decidir se vai de avião, se logo pensar em vários acidentes aéreos ocorridos recentemente, você pode concluir que a viagem de avião é muito arriscada e optar por dirigir. Mas, na realidade, acidentes aéreos são menos comuns do que acidentes de carro, então seu atalho disponível distorceu sua tomada de decisão nesse caso.

Aqui está o problema intrínseco desses atalhos: quase sempre confiamos cegamente neles e até podemos confundi-los com intuição, mas eles *podem* estar incorretos. É melhor estarmos atentos ao usar esses atalhos mentais, assim podemos propositalmente testá-los quanto à sua veracidade antes de confiar demais neles.

SUPERGENERALIZAÇÃO OU PENSAMENTO OBJETIVO?

Observe esta tabela para ter uma ideia de como temos a tendência de supergeneralizar em comparação com uma forma de pensar objetivamente. Reflita sobre como supergeneralizar pode levar a decisões que não são autênticas com quem realmente somos; e como o pensamento objetivo poderia nos fazer tomar decisões que nos deixam melhor.

SUPERGENERALIZAÇÃO	PENSAMENTO OBJETIVO
Nenhuma dieta funciona.	Muitas pessoas tiveram sucesso com dietas.
As pessoas não são confiáveis.	Sou confiável, então sei que outros devem ser!

(continua)

SUPERGENERALIZAÇÃO	PENSAMENTO OBJETIVO
Os homens só querem mulheres mais novas.	Muitos homens são fiéis, mesmo quando o relacionamento amadurece.
Sempre estive deprimido.	É impossível ficar deprimido 100% do tempo, porque se não você nem saberia o que é a depressão, já que não teria nada com o que comparar.

EXERCÍCIO

O que é um problema em sua vida atualmente?

_____

_____

_____

_____

_____

SUPERGENERALIZAÇÃO OU PENSAMENTO OBJETIVO   151

Como você poderia supergeneralizar esse problema?

_____

_____

_____

_____

_____

De que formas você poderia abordar o problema, mas pensando objetivamente?

_____

_____

_____

_____

_____

DECISÃO PODEROSA

Quais oportunidades foram reveladas pelo pensamento objetivo em vez da supergeneralização? Faça uma lista.

_____

_____

_____

_____

_____

Qual decisão você poderia tomar com base nesse pensamento objetivo voltado para a oportunidade?

_____

_____

_____

_____

Você está pronto para agir de alguma maneira? Ou está em paz com as coisas do jeito que estão? Escreva sua resposta aqui:

_____

_____

_____

_____

Agora que você tomou uma decisão, pode se desapegar do resultado?

AVANÇAR OBJETIVAMENTE

À medida que avançamos para a próxima letra do acrônimo, mantenha-se pensando objetivamente porque vamos estudar uma FORÇA inesperada que está tão profundamente enraizada que pode criar argumentos, ressentimentos, inclusive guerras — entre países, amigos e até dentro de você.

7

FORCE

MENTALIDADE RÍGIDA OU MENTALIDADE RELAXADA

A uma mentalidade rígida contrapõe-se uma mentalidade relaxada. A primeira é mais determinada, e a segunda, mais flexível às mudanças de eventos, pessoas, lugares ou coisas da vida. Imagine um velho carvalho que está de pé há mais de uma centena de anos, até que uma tempestade com ventos muito fortes assola a cidade e... vupt! — a árvore forte e rígida de repente é arrancada do chão. Agora pense nas palmeiras e em como elas reagem aos furacões, por exemplo. Você já deve ter visto notícias sobre furacões ou tempestades tropicais fazendo estragos e palmeiras dobradas quase na horizontal pela ação do vento. Mas, quando a tempestade passa, elas voltam a ficar de pé, orgulhosas. Por que isso acontece? Os troncos são extremamente flexíveis, ou relaxados, se preferir. Eles cedem bastante quando o vento sopra. As palmeiras dançam conforme a música, e é isso que as mantém vivas.

O mesmo é válido para nossas decisões. Quando nossa mentalidade é rígida, somos facilmente "arrancados do chão" pelo estresse e por turbulências imprevistas, não conseguimos tomar decisões com nossa melhor versão se somos muito imperativos. Por outro lado, quando estamos relaxados, somos melhores em nos adaptar e permitir que os ventos da vida soprem à nossa volta sem colocar em risco nossa autenticidade.

Quando somos rígidos, acreditamos que podemos controlar resultados, ou outras pessoas e suas decisões. Veja aqui alguns exemplos de como a rigidez entra em nossas vidas:

- Ter a mentalidade "é do meu jeito ou não é".

- Ser dono da razão — necessidade de estar certo em toda interação/ter a última palavra.

- Fazer declarações usando "devia" — quando nós ou alguém diz que "devíamos" ou "não devíamos" fazer alguma coisa, de acordo com nosso rigoroso sistema de crenças.

- Acreditar que o jeito como você sempre fez tudo é o único possível.

Ela surge de inúmeras maneiras e pode ser difícil identificá-la em nós mesmos, embora seja muito fácil apontá-la nos outros. Todos nós conhecemos alguém que podemos classificar como rígido: aquela pessoa que quer as coisas feitas de um jeito específico e não conseguimos convencê-la que de outra forma também pode funcionar. Veja um exemplo da minha vida.

MENTALIDADE RÍGIDA OU MENTALIDADE RELAXADA 157

Eu lhe disse anteriormente que há muito tempo trabalhei em uma empresa especializada em auxiliar famílias na intervenção de entes queridos que lutam contra um vício, para que eles consigam receber o tratamento ou ajuda de que precisam. As intervenções que fiz foram principalmente para pessoas que lutam contra problemas psicológicos graves ou dependência de substâncias; seus familiares, empregadores ou amigos me contratavam para ajudar. Intervenções são o último recurso. As razões pelas quais um intervencionista é contratado são, normalmente, por crise de saúde, decisão de um juiz ou alguma outra força externa importante para levar alguém a tomar a decisão de ficar bem. Com frequência, é difícil para um viciado mudar, a menos que pessoas, lugares e condições ao redor também o façam.

É por isso que um intervencionista é chamado. A própria família poderia se reunir com a pessoa com quem estavam preocupados — porém, acredite, muitas tentavam e não tinham êxito, por isso me contratavam. Elas precisavam de estrutura e um plano de ação que possibilitasse o melhor resultado possível. A empresa em que comecei a fazer isso, há mais de 15 anos, aplicava o modelo de intervenção de Johnson. Um elemento fundamental dele é surpreender a pessoa em questão. Ela acorda e vê sua família inteira, alguns amigos, pessoas próximas, mentores e outros esperando sentados na sala de estar, enquanto ela se espreguiça e esfrega os olhos, normalmente ainda de pijamas. A empresa na qual eu trabalhava utilizava o modelo de Johnson porque ele funciona. Esse tipo de intervenção auxilia os entes queridos a parar com a permissividade e ajuda a pessoa a começar um tratamento.

Há três tipos de cartas escritas pelos membros da família. A primeira começa com: "Vi o vício afetar sua vida da seguinte forma." Nelas, podem ser destacadas as características que mudaram na pessoa. Um exemplo de frase é: "Vi uma pessoa animada, amorosa e positiva se tornar um amigo irritado, mesquinho e egoísta, que não se importa comigo." Outra pode ser: "Vi uma pessoa movida pela paixão e com muito sucesso na vida que ficou desempregada por vários anos." Ou ainda: "Vi um pai que amava os filhos e frequentava os eventos da escola se tornar uma pessoa que os ignora, colocando um copo de bebida à frente deles." O propósito dessa carta é dizer a quem está sofrendo a intervenção o motivo pelo qual estamos preocupados com ela. Acredite ou não, é muito comum que a pessoa em questão pense que todos estão reagindo de forma muito exagerada ou que há algum tipo de conspiração apesar das amplas evidências contrárias, como ser preso por dirigir sob efeito de álcool ou drogas, ter crianças chorando e falar com elas sobre seu problema com a bebida, ou ter sido demitido do trabalho.

A segunda carta, que é lida após a primeira, começa assim: "Seu vicio afetou minha vida da seguinte maneira." A pessoa que lê a carta normalmente mostra uma destas três emoções: tristeza/choro, entorpecimento/falta de emoção ou raiva. Exemplos de declarações que podem ser lidas: "Tive que mentir para nossos amigos e família dizendo que você está bem. Sofro tanto estresse e ansiedade por causa de suas crises que já não sou mais eficiente em meu trabalho. Perco o sono e me preocupo constantemente com um possível suicídio seu, e como isso poderá ser minha culpa."

A última carta começa assim: "Se você resolver não aceitar a ajuda que será oferecida aqui hoje, precisa saber que nossa relação mudará da seguinte forma." Quando isso acontece, é possível imaginar a forte reação da pessoa; geralmente a raiva aparece de alguma maneira. É óbvio que ela precisa de ajuda, mas você não pode forçar adultos a receberem ajuda. Em última instância, a decisão é dela.

MENTALIDADE RÍGIDA OU MENTALIDADE RELAXADA 159

Em mais de 90% do tempo, as pessoas entravam em tratamento com alguns dias de intervenção, seguindo o roteiro e o processo. Houve raros momentos em que, embora os protocolos tenham sido seguidos, as pessoas optavam por não ir. Mas posso dizer que, quando isso acontecia, geralmente era por causa de um membro da família que não estava disposto a deixar de ser permissivo com a pessoa. Acontecia porque um dos pais, apesar de dizer que queria que o filho ou filha saísse de casa, não conseguia ir em frente. Curiosamente, descobri que, para algumas intervenções, impedir a permissividade dos membros da família ou de amigos é tão difícil quanto a pessoa aceitar receber ajuda. Então, era muito importante que eu ajudasse a família a se manter fiel aos objetivos para que todo o sistema pudesse funcionar.

Havia um roteiro criado pela organização para as intervenções e todos os conselheiros tinham que segui-lo, *não importa o que custasse*. O roteiro era sólido, e em nove de dez vezes era apropriado. Mas, como se pode imaginar, fazer uma intervenção com a família envolve muitas variáveis. Quase nunca acontece "como era esperado". Isso porque, quando alguém está afundado no vício, seu comportamento é imprevisível, quase errático. Encontrei pessoas que apontaram armas para mim; certa vez, uma mulher pulou pela janela para fugir da intervenção e quebrou a perna. Entrei em contato com pessoas que tiveram problemas devido à natureza inesperada da intervenção, e pessoas que escreveram bilhetes suicidas e planejavam tirar suas vidas nas 24 horas seguintes. Tive que me adaptar a qualquer situação; essa era a parte indispensável do trabalho. No entanto, a empresa era tão rígida quanto à forma que queria que as intervenções fossem feitas que não sobrava espaço para adaptação. Compreendi a necessidade disso nas minhas primeiras 20 ou 30 intervenções, mas chegou a um certo ponto em que tinha me tornado um especialista. Minha intuição, aliada à experiência, foi o que me tornou bom no trabalho.

Uma das regras estabelecidas pela empresa era a de que você nunca podia deixar a família sozinha. Bem, nunca esquecerei uma intervenção em particular, quando um alcoólatra foi para outra parte da casa. As regras diziam que eu deveria ficar com a família, mas minha intuição dizia para segui-lo e falar com ele. Quebrei as regras da empresa e falei com ele sozinho. Veja aqui o que aconteceu.

A família e a esposa de Bill me contrataram e me levaram para a casa dele. Ao chegar lá, ele estava dormindo. Quando saiu do quarto e todos leram as cartas, disse que os amava muito, mas que não ia fazer o tratamento. Disse especificamente que não iria por causa da forma que escolheram para fazer a intervenção. Vi as pessoas passarem do choro à raiva rapidamente. Quando ele chegou à raiva, foi para o quarto. Minha intuição me dizia que ele precisava de alguém, que não fosse da família, para conversar. Entrei, sentei na cama e disse: "Olhe, sei que é um saco. Ninguém quer que isso aconteça com si mesmo. É embaraçoso. Claramente, todos aqui o amam. Mas, cara, você vai correr o risco de perder todos os seus amigos? Você pode ir para a reabilitação! Ajude-me a entender o que está acontecendo com você. Quer que sua esposa peça o divórcio e seus filhos tenham problemas com você? Por que deixar a vida mais difícil? Está sendo tão categórico que esta não é a maneira certa de fazer intervenção, mas você pode ver além disso?" Conversamos bastante e, depois de 15 minutos, saí e anunciei: "Ele está pronto para ir. Estou levando-o para o tratamento." E ele está sóbrio até hoje.

Mais tarde naquela semana, em uma reunião virtual com os supervisores, disseram que a maneira como lidei com a situação tinha sido inapropriada por ser contrária à sua política. Porém, no fim das contas, cumpri minha missão: ele estava na reabilitação. É claro que há a necessidade de uniformidade ou padronização dos procedimentos operacionais nesse caso e em muitos outros. Mas quando estamos em campo, como eu estava, especialmente em uma situação com potencial risco de morte — e fomos treinados para lidar com elas —, é preciso ter flexibilidade o suficiente para permitir que os funcionários lidem com as eventualidades. Eu acreditava na época, como acredito ainda hoje, que Bill não teria ido para a reabilitação se não tivesse lidado com a intervenção da maneira como fiz, por isso estou feliz por ter feito uma abordagem mais relaxada e ter me adaptado à situação. Consegui me conectar com o Melhor de Mim Mesmo e tomar uma decisão pragmática em vez de baseada em dogmas.

Esse foi só um exemplo de como uma postura rígida pode impedir o progresso e, potencialmente, evitar o melhor resultado possível. Não estou sugerindo que você "se rebele", necessariamente, no trabalho. No meu caso, era uma questão de vida ou morte, precisei confiar em minha intuição. Em situações assim, às vezes você precisa tomar decisões que acredita que salvarão a vida de alguém. É muito diferente de tomar uma decisão somente porque não concordamos com a política da empresa.

COMO SURGE A RIGIDEZ

Agora, talvez você esteja pensando sobre como a rigidez pode afetar nossa tomada de decisão. Bem, pode ocorrer que, no processo de chegar a uma decisão inteligente, fiquemos tão envolvidos com detalhes do problema ou em métodos específicos normalmente usados para resolvê-lo que não conseguimos ter uma visão do panorama geral. Perdemos oportunidades de sucesso por tentar novos métodos ou por recorrer a novos conhecimentos, pesquisa ou perspectivas. Especialmente quando estamos visando a um ponto de inflexão em qualquer área da vida ou promovendo uma mudança, *temos* que estar dispostos a tentar coisas novas.

Outra forma de visualizar os resultados tangíveis da mentalidade rígida é pensar naquele pai cujas regras domésticas são rigorosas e objetivas, e que tem pouca disposição ou capacidade para ajustá-las. Se uma criança entra em casa encharcada da chuva lá fora, ele diria: "Você está molhada e suja! Deixe os sapatos lá fora, onde deviam estar, e não derrube uma gota de água no chão limpo!" Já um pai mais flexível poderia reagir dizendo: "Uau, parece que você andou se divertindo! Dê uma limpada nos sapatos sujos de lama antes de entrar, tá?"

Você pode ver, ouvir e sentir a diferença, não é? A FORÇA da energia que colocamos nos outros determinará como nos sentimos e como eles se sentem, principalmente quando falamos com crianças. Pode ser exaustivo gastar tempo com pessoas que tendem a ser rígidas de raciocínio. Elas podem ser tão dogmáticas em seus pontos de vista que nos sentimos invisíveis, ou nossa opinião está sempre "errada". Pode parecer frustrante alguém ficar sempre corrigindo-o ou explicando por que "o jeito dele" é melhor. Você pode sentir que não consegue vencer, e isso é, no mínimo, desanimador. Intencionalmente, não me envolvo com muitos indivíduos rígidos demais, sobretudo se os vejo excedendo limites sem necessidade devido à sua maneira de ser. Não é agradável a situação em que as pessoas estão obviamente tentando assumir o controle.

Quando adotamos um estado mental rígido em geral, ou sobre áreas específicas ou tópicos da vida, ficamos inseridos em um conjunto de regras e nos recusamos a considerar que exista uma maneira melhor. Estamos sendo rígidos quando pensamos "é do meu jeito ou não é". Essa mentalidade é muito comum em pessoas que brigam para estarem certas, o que quer dizer que estão mais concentradas em estar certas do que com o conteúdo real de uma discussão ou debate. Às vezes, tornamos nosso raciocínio rígido porque acreditamos que, se sempre fizemos as coisas de um jeito, então esse deve ser o certo. A rigidez quase sempre significa estar tão envolvido no que acreditamos ser certo que esquecemos o que é do nosso maior interesse.

Tendemos a evitar riscos se somos rígidos em nosso raciocínio. A própria noção de criarmos uma vida melhor, mais ampla e que nos realize mais profundamente pode parecer opressiva, porque exigiria fazer mudanças no conjunto de regras sob as quais vivemos. Só a ideia em si pode causar ansiedade. Quando somos rígidos, é provável que estejamos nos sentindo seguros. Funcionou antes, funcionará de novo, sem modificações: é assim que podemos enfrentar a vida. Contudo, a certa altura, ter funcionado antes não quer dizer que o mesmo ocorrerá agora, pois a vida evolui e precisamos evoluir com ela.

Em muitos casos, encontrei pessoas que praticam a rigidez por ser um legado familiar. Elas foram criadas em um ambiente rígido e continuaram com esse conceito em sua vida adulta. Ou viram alguém da família agindo da mesma forma ou fazendo escolhas similares, e por essa razão sentiram-se bem em seguir o exemplo. Pode ser difícil romper padrões de longa duração ou se adaptar de alguma maneira.

Eu mesmo caí em uma armadilha. Quando comecei a fazer o podcast *Always Evolving with Coach Mike Bayer*, [Evoluir Sempre com o Coach Mike Bayer, em tradução livre], tinha uma visão muito específica de como cada episódio deveria ser. Queria gravar todos em minha casa e criar um certo clima. Acreditava que cada episódio precisava ser perfeito. Estava sendo tão meticuloso em cada detalhe que cheguei a ter uma abordagem perfeccionista. Tinha uma visão específica sobre o lançamento da mídia para promover o podcast, então, quando o nome de um convidado foi escrito incorretamente em um artigo de jornal, fiquei completamente descontrolado. Minha necessidade de perfeição era excruciante. Queria gravar todos para o YouTube, e não deu certo também. Fui forçado a deixar de lado as ideias rígidas sobre o podcast e relaxar. No final, gravamos minha primeira entrevista, que foi com Jessica Simpson quando seu livro foi lançado, em um pequeno camarim onde ela tinha se apresentado. Se eu não tivesse relaxado minha visão, teria perdido a chance de fazer essa grande entrevista. Percebi, no fim das contas, que todos aqueles detalhes que queria "daquele jeito" eram, na verdade, *insignificantes*.

As surpresas na jornada do podcast continuaram surgindo. O segundo episódio foi com Dr. Phil, e na casa dele. Tivemos uma conversa fascinante e ele revelou mais detalhes sobre sua vida naquela ocasião do que jamais havia feito em uma entrevista. Os produtores que tinham trabalhado com ele por mais de 20 anos até comentaram que tomaram conhecimento de novas informações sobre o Dr. Phil no meu podcast. O terceiro episódio foi com Vivica A. Fox, e aconteceu em uma ilha de edição convertida em cenário de filme. Você nunca sabe como as coisas vão acontecer! A disposição de me desapegar das ideias rígidas e relaxar, me deixando levar pelo que a vida e o universo estavam me dando em termos de entrevistas para meu novo podcast, foi o que me catapultou para o sucesso. Saí de dentro da caixa que eu tinha criado e, então, um mundo de oportunidades se tornou visível. O sucesso não é um destino; é uma jornada. E, se formos muito rígidos, perderemos o rumo.

A DECISÃO DE OUVIDOS SURDOS

Um dos principais exemplos de rigidez é quando alguém se esforça para não ouvir outro ponto de vista sobre um assunto qualquer. Na verdade, um estudo mostrou que os membros de um determinado partido político são tão avessos a ouvir o outro lado que dois terços dos participantes do estudo desistiram da oportunidade de ganhar dinheiro apenas para evitar fazer isso. As pessoas classificaram em "certo" ou "errado" temas como casamento entre pessoas do mesmo sexo, eleições, maconha, mudança climática, armas e aborto. Elas acreditavam tão piamente que sua perspectiva estava correta que não tiveram nenhum interesse em ouvir as evidências contrárias.

Todos nós conhecemos alguém assim. Eles estão tão convencidos de que sua postura é a correta que refutam toda e qualquer informação que possa surgir e que não esteja alinhada com suas crenças. Há muitos problemas com esse tipo de mentalidade, mas o mais óbvio é que ela torna o sucesso quase impossível. Um grande fator para ser bem-sucedido é ser flexível, tranquilo e capaz de ouvir e absorver as opiniões e ideias dos outros. As pessoas preferem trabalhar com quem está relaxado em vez de rígido. A rigidez pode facilmente levar a conflitos, enquanto um estado mental relaxado pode levar à colaboração e à resolução. Mantenha isso em mente enquanto examina as áreas da vida em que você talvez possa ser rígido, mas se beneficiaria caso relaxasse e abrisse um pouco seus ouvidos para as opiniões dos outros.

RECONHECENDO A RIGIDEZ EM NOSSA TOMADA DE DECISÃO

Vamos passar algum tempo entendendo em que áreas da vida você pode ter mentalidade rígida, e como isso pode estar afetando sua capacidade de tomar decisões como o Melhor de Si Mesmo. Ela significa que você está vendo a vida e tudo o que ela pode trazer para você como obstáculo. Pense na área que atualmente está lhe trazendo mais tensão. Gosto de começar aí, porque a rigidez vem da tensão, da necessidade de controle ou da tentativa de manter tudo dentro de nós mesmos. É proveitoso reconhecer que muitas coisas com as quais estamos sendo rígidos agora simplesmente não importarão mais daqui a um ano.

Certo, agora que está concentrado em um aspecto particularmente tenso ou estressante de sua vida, pense em algo específico que possa agravar isso. Por exemplo, caso seu emprego pareça estressante, algum colega em particular o afeta negativamente? Talvez ele seja meio preguiçoso, leva os créditos do trabalho dos outros ou chega atrasado às reuniões. Isso provoca algo em você que o faz querer jogar o manual do escritório nele e lembrá-lo de como "se faz as coisas por aqui"? Ou talvez tenha um filho e, quando ele não se comporta direito ou age de uma forma interpretada como desrespeitosa, você se irrita e lembra a ele que "enquanto morar debaixo do seu teto, ele deve seguir suas regras".

A rigidez pode se apresentar de maneiras muito sutis. Com frequência nos concentramos em exemplos extremos, mas nem sempre ela se manifesta assim. Por exemplo, se está voltando a namorar após uma separação ou divórcio, você fica irritado quando encontra pessoas que têm opiniões diferentes das suas, seja sobre política, religião ou, quem sabe, até dos times de futebol para os quais elas torcem? Não o incomoda o fato de que outra pessoa de "qualidade" possa ter essa visão "incorreta"? Você tenta convencê-las do ponto de vista "correto" ou talvez jure que nunca mais sairá com elas de novo?

Muitos clientes com quem trabalhei se veem em dificuldade com as empresas que abriram, e mesmo que os negócios não sejam especialmente lucrativos, ou não proporcionem muita satisfação, eles mantêm a crença de que devem seguir em frente. Eles se recusam a tomar a difícil decisão de desapegar. Acham que já investiram muito tempo, energia, dinheiro, sangue, suor e lágrimas, e que não podem fechar a empresa e fazer algo diferente. Em suas concepções, não há caminho de volta. Mas se relaxassem e fossem mais flexíveis, se percebessem o valor da experiência e da sabedoria que ganharam, seria bem mais fácil ver que a hora da mudança chegou.

Aqui seguem mais algumas perguntas para fazê-lo pensar:

- Você já se pegou discutindo mais do que gostaria?

- Você aborda os problemas com agressividade? Fica agressivo em relação aos outros?

- Você procura aprovação dos outros para confirmar suas próprias crenças?

Os comportamentos ou opiniões dos outros o motivam a ser rígido, mais convicto de suas próprias crenças/verdades e a ser completamente inflexível em vez de relaxado, disposto a ver a posição deles e até mesmo aberto às possibilidades de ajuste de suas próprias opiniões? Você toma decisões simplesmente para justificar suas ações e crenças anteriores, como se quisesse "provar" a si mesmo que estava certo?

Pense sobre essas questões à medida que seguimos adiante. No fim deste capítulo, você fará um exercício que o ajudará a descobrir ainda mais formas pelas quais você pode ser rígido em sua vida e nas tomadas de decisão.

A FORÇA POSITIVA: MENTALIDADE RELAXADA

Uma mentalidade relaxada significa ver a vida, e tudo o mais que pode chegar até você, como uma oportunidade. Ela pode ajudá-lo a superar a mentalidade rígida quando estiver encarando um problema. Nesse contexto, defino relaxado como estar centrado. Quando estamos abordando a vida a partir da mentalidade relaxada, é mais provável que a aceitemos em seus próprios termos em vez de sempre tentar ditá-los. Temos tempo para fazer os outros se sentirem vistos e ouvidos. Estamos dispostos a experimentar novas ideias e conceitos. Livre do receio de seguir um novo rumo, ou talvez até mesmo de fazer uma ocasional e total inversão de marcha, estar relaxado significa ser flexível e aberto. Nesse estado de espírito, podemos perguntar: "Isso terá importância daqui a cinco anos?" Essa perspectiva ajuda a aliviar algumas das pressões de certas decisões.

Quando estamos com a mentalidade relaxada, não somos reativos, e sim centrados. Ao estar disposto a deixar de lado a rigidez e fazer as coisas de forma diferente, é provável que você descubra novas oportunidades. Quando você está relaxado em sua vida, não está tentando controlar as coisas e fica receptivo às oportunidades.

Outro efeito colateral surpreendente da mentalidade relaxada é que ela nos permite ver nossas vidas sob uma luz nova e agradável. Confiamos em nós mesmos para fazer mudanças porque não estamos obcecados com o resultado ou em estar certos o tempo todo. Damos mais valor ao progresso do que desejamos ser os donos da razão. Toda vez que você se sentir tenso ao tentar decidir sobre seu próximo passo, é fundamental encontrar uma forma de relaxar. Veja bem, mesmo que a resposta não seja aparente no momento, e mesmo que os outros não estejam agindo ou reagindo do jeito que deseja, você ainda pode decidir manter a tranquilidade.

Cada um de nós tem seus próprios métodos para encontrar o caminho em direção a um ponto de vista descontraído. Para mim, se coloco uma música do Bob Marley, quase sempre fico mais relaxado. E não estou me referindo apenas à sensação de relaxamento corporal, como se estivesse pronto para tirar uma soneca na beira da piscina. Sim, o relaxamento físico faz parte disso, mas falo também do relaxamento mental. Trata-se de libertar nosso ego e sair de dentro de nós mesmos. A rigidez vem da crença de que sabemos o que é melhor. Mas a verdade é que *nem* sempre é assim. Às vezes, precisamos da sabedoria e experiência de outra pessoa para nos orientar. E, em outras, precisamos que a vida nos ensine algo novo.

Então, o que você pode fazer que vai ajudá-lo a liberar essas partes de si mesmo que estão tão apegadas a seus sistemas de crenças, deixando-o aberto a novas possibilidades? Meditação? Aulas de ioga? Há mantras específicos que você poderia tentar para ajudá-lo a entrar nesse estado de espírito? Talvez, caso se conecte com sua espiritualidade por meio da oração, você possa se reconectar com o Melhor de Si Mesmo e deixar que qualquer rigidez suma? Ou, quem sabe, você conheça alguém em sua vida com quem possa conversar e que tenha tomado decisões muito diferentes, pessoas com quem poderia aprender? Há um amigo ou algum membro da família cuja abordagem mais relaxada o ajudou a fazer uma mudança positiva, ou mesmo a se sentir mais tranquilo com um resultado? Existem várias formas de se abrir para receber novas ideias e oportunidades.

Ao pensar na(s) área(s) que está querendo melhorar em sua vida no momento, considere se poderia incentivar uma perspectiva mais aberta, flexível e relaxada que talvez possa ajudá-lo a ver uma nova oportunidade, ou a apenas se sentir menos estressado e ansioso com ela. Escreva seus pensamentos aqui:

ATENÇÃO AOS RELAXADOS DEMAIS!

No espectro entre o rígido e o relaxado, é importante não ir muito longe nos extremos nem de um, nem do outro. Conversamos sobre as maneiras pelas quais ser muito rígido pode ter um impacto negativo para nós, mas pode ser igualmente prejudicial descermos muito na escala, em direção ao relaxamento excessivo. Quero dizer, ninguém quer pegar um avião em que o piloto esteja tão relaxado a ponto de ficar desatento, certo? Não é legal trabalhar com pessoas que chegam atrasadas para todas as reuniões. Se ficarmos muito relaxados na hora de pagar o estacionamento na rua, teremos o carro rebocado. E os pais que não colocam limites ou regras para seus filhos se verão às voltas com um lar caótico, e crianças gritando sem parar.

O que estou dizendo é que precisamos equilibrar nosso nível de relaxamento com uma dose saudável de responsabilidade.

À medida que você toma decisões em sua vida, é melhor olhar para elas através das lentes do relaxamento, de um jeito que lhe permita considerar todos os ângulos, mas sem renunciar à responsabilidade. Há uma grande diferença entre tranquilo e irresponsável. Você precisa ser responsável por sua parte nisso, ter certeza de que sua decisão não coloca você ou outra pessoa em perigo. Você, e somente você, é responsável pelas decisões que toma.

NÃO PRECISA SER TÃO SÉRIO

Parte da mentalidade relaxada significa ser capaz de rir de nós mesmos, algo fundamental para permanecer autêntico. Na verdade, um teste decisivo para saber se está tendo uma abordagem rígida ou flexível em sua tomada de decisão é ver se consegue brincar consigo mesmo no processo. Vou dar um exemplo da minha vida.

Logo depois de o *Melhor de Mim*, lancei o Best Self Challenge ["Desafio do Melhor de Mim", em tradução livre] online, no qual as pessoas tinham que desenhar o Melhor de Si Mesmo e o Antagonista, e os compartilhar para inspirar os outros. Tinha uma visão muito específica em mente de um vídeo divertido que usaria para divulgar o desafio online. Isso foi durante a última temporada de *Game of Thrones*, que estava tendo muita repercussão. Assistia à série desde o início e era um grande fã. Então tive a ideia de me tornar um White Walker [o personagem "Caminhante Branco" da série] e depois compartilhar o Melhor de Mim Mesmo e o Antagonista como um White Walker. Sim, estou falando sério.

Fui então em frente com meu plano — quero dizer, um espetáculo completo. Comprei um traje sofisticado para servir em um corpinho de 1,90m, paguei um maquiador profissional de artistas de cinema, e até encomendei lentes de contato azuis para que eu pudesse me transformar verdadeiramente em um White Walker dos pés à cabeça. Conforme lutava para colocar a lente de contato azul grossa em meus olhos, meu assistente tentava desesperadamente me ajudar, meus olhos começaram a lacrimejar e fazer a maquiagem escorrer pelo rosto; o maquiador tentou se aproximar para controlar o estrago… foi uma confusão. Estava em um estado deplorável. (E aquelas lentes de contato infernais fizeram meus olhos arderem por dias!)

MENTALIDADE RÍGIDA OU MENTALIDADE RELAXADA 173

Minha versão de um White Walker de *Game of Thrones* momentos antes de encontrar o Coach Mike para discutir seu Melhor de Si Mesmo (Sugar Walker) e seu Antagonista (Luke Crywalker).

Contratei produtores para me ajudar a trazer a visão à vida e três operadores de câmeras. Eu me vi como diretor de criação. Sim, foi tenso! Levou o dia inteiro. Fizemos cenas e repetimos outras várias vezes até parecer tudo certo. Estava sendo muito perfeccionista e, olhando para trás agora, tive uma mentalidade rígida sobre tudo isso. Queria ser engraçado e divertido, e estava me prendendo a um padrão muito alto.

Se procurar bem no meu Instagram, ainda encontrará o vídeo totalmente produzido, completo e com música; você pode ver por si mesmo o White Walker mostrar seu Antagonista, "Luke Crywalker", e também seu Melhor de Si Mesmo, "Sugar Walker". Adorei o produto final; estava *vibrando* com ele, então postamos nas redes sociais no dia seguinte.

Quando acordei algumas horas depois, peguei o telefone; parecia manhã de Natal. Tinha certeza que teria uma enxurrada de visualizações, curtidas e comentários. Com a enorme popularidade de *Game of Thrones*, tinha certeza de que todos correriam para ver o vídeo e fariam seus próprios desafios.

Cara, não esperava um resultado desse.

Não podia acreditar no que estava vendo: o vídeo teve surpreendentes 150 curtidas. Sou um autor best-seller do *New York Times*, arquitetei esse conteúdo genial e estava esperando que viralizasse. Acreditei que os fãs do seriado se deparariam com ele e achariam que era simplesmente brilhante. Coitado de mim. Nada. No final, 46 semanas depois de postar o vídeo, recebi 583 curtidas e 20 comentários. Por causa do vídeo, ganhei quatro novos seguidores. Com o dinheiro que gastei com a produção mais o que paguei para divulgar e impulsionar a postagem, dá cerca de US$600 por cada novo seguidor. Quer dizer, qual é! Fracasso total. Fiquei ultradesanimado.

Estava tão focado na visão na minha cabeça, tão convencido de que seria um sucesso, que não conseguia rir disso na hora. Minha estrutura mental estivera rígida desde o início, mas o que eu precisava ter feito era relaxar e rir daquilo.

Algo que aprendi sobre as redes sociais é que posso gastar dois segundos postando uma foto minha sem camisa na praia e receber 31.042 curtidas, 936 comentários e 2.440 novos seguidores, mas algo que requer uma tonelada de planejamento e programação pode acabar em absolutamente nada. Vai entender.

A lição que fica é a seguinte: na vida, temos que experimentar, correr riscos e saber que nem tudo que tentamos funcionará. E, quando não funciona, além de procurar o aprendizado envolvido nisso, devemos ao menos achar um pouco de graça e perceber que não era tão sério assim. Quando essa história do White Walker voltou à tona outro dia, eu a escrevi e pedi para um amigo ler. Ele me ligou imediatamente depois e nós dois nos matamos de rir. Era aquela situação em que você está rindo tanto que nenhum outro som é ouvido no telefone, e nossos abdomens ficam doendo depois. Até hoje, dou uma risadinha quando penso no quão seriamente levei a coisa toda e o quão terrivelmente fracassei. Obviamente, relaxei minha mentalidade!

VOCÊ É RÍGIDO OU FLEXÍVEL?

Observe a comparação a seguir entre a FORÇA negativa da mentalidade rígida e a FORÇA positiva da mentalidade relaxada. Comece a refletir sobre como elas podem estar afetando seu pensamento, principalmente no que diz respeito às áreas de sua vida que quer melhorar.

Tente pensar nisso objetivamente, como se estivesse observando seus pensamentos e comportamentos como uma pessoa de fora. Digo isso porque, especialmente quando se trata de rigidez, às vezes é difícil reconhecê-la em nós mesmos. Mas, até este ponto do capítulo, suponho que você já consiga ver as áreas nas quais tem alguma ideia rígida que precisa ser flexibilizada. Todos nós somos assim de vez em quando e é bom reconhecer como isso pode nos manter presos no obstáculo, incapazes de ver ou agir sobre as oportunidades.

Rígido:

- Ter a mentalidade "é do meu jeito ou não é".
- Ser dono da razão — necessidade de estar certo em toda interação/ter a última palavra.
- Acreditar que o jeito como você sempre fez tudo é o único possível.

Relaxado:

- Ter uma abordagem tranquila; estar disposto a respirar profundamente.
- Dedicar um tempo para que os outros se sintam notados e ouvidos.
- Aceitar a vida nos termos dela em vez de tentar ditar os seus.
- Estar disposto a se perguntar: "Isto será importante daqui a cinco anos?"

EXERCÍCIO

Observe esta tabela e veja alguns exemplos da vida real entre mentalidade rígida e mentalidade relaxada.

MENTALIDADE RÍGIDA	MENTALIDADE RELAXADA
Este é o único jeito de fazer isto.	Estou aberto a colaborar com os outros da melhor forma possível.
Uma discussão não termina até que eu prove meu argumento.	Todo desentendimento representa uma oportunidade de aprendizado e crescimento.
Eu sou seu pai; faça o que eu mandar.	Quero ser paciente e tratar da questão junto com você.
Eu estou certo. Você está errado.	A questão não é sobre quem está certo.

DECISÃO PODEROSA

Agora, escreva alguns exemplos de sua própria mentalidade rígida, principalmente os que se relacionam com as decisões que precisa tomar em sua vida atualmente. Depois, reflita qual poderia ser a versão deles na ótica da mentalidade relaxada. Finalmente, qual seria sua decisão com base na mentalidade relaxada?

MENTALIDADE RÍGIDA	MENTALIDADE RELAXADA	DECISÃO

MENTALIDADE RÍGIDA OU MENTALIDADE RELAXADA   179

Meu objetivo é ajudá-lo a chegar à Decisão Poderosa que será seu primeiro passo em direção a uma vida melhor. Para isso, gostaria que olhasse a tabela que acabou de preencher e pensasse como sua mentalidade rígida talvez esteja impendido você de tomar decisões que o levam a uma vida melhor. Em outras palavras, como ela segue mantendo-o concentrado em obstáculos?

Escreva seus pensamentos abaixo:

_____

_____

_____

_____

Agora, se quisesse adotar a mentalidade relaxada, quais oportunidades você pode ver agora que não enxergava antes?

_____

_____

_____

_____

Baseado nas oportunidades que você está vendo agora que escolheu a mentalidade relaxada, qual decisão poderia tomar?

_____

_____

_____

_____

Está pronto para adotar algum tipo de ação? Ou está em paz com tudo do jeito que está? Escreva suas respostas aqui:

_____

_____

_____

_____

A SEGUIR NA FORÇA...

À medida que vamos examinando as FORÇAS, espero que você tenha absorvido os conhecimentos que adquiriu com cada letra do acrônimo até o momento. Novamente, se usá-las corretamente, as FORÇAS positivas podem impulsioná-lo para uma vida melhor, em que você reconhece as oportunidades em vez de ficar preso em obstáculos atrás de obstáculos. Assim como em *Star Wars*, a FORÇA pode ser usada para o bem ou para o mal. Agora que está começando a descobrir as maneiras pelas quais essas FORÇAS poderosas atuam, pode empregá-las com o propósito de criar a vida que realmente deseja.

E, falando sobre propósito, no próximo capítulo você descobrirá de que modo esclarecer um propósito é o antídoto principal para a confusão. Você está *confuso* com essa afirmação? Vire a página e veja o que quero dizer!

8

FORCE

PROPÓSITOS CONFUSOS OU PROPÓSITOS CLAROS

Você já tentou tomar uma decisão, mas seu cérebro parecia estar ultra-acelerado, voando de um pensamento ou emoção para outro, a ponto de você nem saber onde vai parar? Talvez você imagine os resultados em potencial (bom, ruim ou feio), fique obcecado em fazer a coisa "certa" ou esteja preocupado com o que as pessoas de sua vida acham que devia fazer. Pode ser que você fique balançando de um lado para o outro, como um pêndulo, até querer arrancar os cabelos. Ahhhh! É algo que vai além do irritante. O que fazer então? Talvez optemos por *não* decidir nada. Ou talvez fazê-lo, para depois questionar constantemente a decisão. Ou, quem sabe, rastejamos de volta para cama, nos escondemos debaixo das cobertas e desistimos.

Qual a sensação que tudo isso está causando? Rufem os tambores, por favor... confusão! E sei que você já sentiu isso, porque todos nós sentimos. E tenho que admitir, essa FORÇA, muitas vezes, é meu calcanhar de Aquiles. Fico confuso e irritado com frequência, por isso me identifico completamente com esse sentimento.

Tentar tomar uma decisão enquanto estamos confusos não é apenas difícil; pode ser muito estressante. Uma estrutura mental "confusa" pode nos fazer sentir sobrecarregados e vulneráveis, além de causar uma tonelada de ansiedade. Quando nos pegamos em qualquer situação pensando ou analisando demais, isso é um exemplo de confusão. Se repassamos obsessivamente o que foi dito ou se pesquisamos algo na internet de forma repetida sem chegar a uma conclusão, é porque criamos confusão na nossa mente. Buscar opiniões diversas, ou opiniões de pessoas que não são especialistas no assunto em questão, e conversar com todos sobre nossas vidas, é exatamente o que acontece quando estamos vivendo em confusão. Alguns se referem a isso como paralisia por análise.

A necessidade das pessoas de agradar é outro exemplo de como a confusão pode se manifestar em nossas vidas. Achamos que significaria muito e que nos sentiríamos bem em agradar outra pessoa, mas nunca é realmente o bastante. Isso pode ser caracterizado quando temos grande dificuldade em dizer não a alguém em nossas vidas e colocamos as necessidades e os desejos dos outros, mesmo de quem não somos muito próximos, acima dos nossos. Nenhum desses sentimentos confusos vem do Melhor de Mim, como se pode imaginar, e certamente não nos levam a tomar decisões a partir de uma autenticidade dentro de nós.

A FORÇA POSITIVA: PROPÓSITO CLARO

Quando estamos nos sentindo confusos e sobrecarregados, a solução é esclarecer nosso propósito. Isso requer exploração e curiosidade. Quando estamos confusos quanto ao próximo passo, quase sempre é porque não sabemos nosso propósito nesse cenário em particular; ainda não descobrimos como nossa melhor versão se alinha com ele.

Veja bem, a confusão só pode existir quando não há *propósito*. É nesse momento que confiar na equipe de decisão é extremamente útil, porque você está questionando pessoas que têm experiência ou conhecimento específico sobre a decisão que você está tentando tomar e que podem ajudá-lo a se realinhar com seu propósito. Uma vez definido o propósito, há clareza e, portanto, não existe mais o estado de confusão.

Já fiquei confuso em várias ocasiões ao longo da minha carreira. Isso acontece especialmente quando me concentro muito em pessoas que gostam de mim, ou alguma outra motivação "superficial" que simplesmente não importa, em vez de me concentrar em meu *propósito*. Meu propósito não é ser apreciado; é ajudar os outros. Toda vez que inicio um novo projeto ou programa colocando o foco no resultado final em vez do propósito (o que todos fazemos vez ou outra), sempre chego a um ponto em que me sinto totalmente confuso. Porém, quando dedico um tempo para me lembrar quem sou, para me sincronizar com o Melhor de Mim, consigo retomar o rumo.

A vida pode, realmente, se tornar muito confusa quando você começa a fazer coisas que não lhe trazem prazer ou felicidade. Você pode achar que está apenas cumprindo sua obrigação, talvez até sendo produtivo, mas não se sente realizado. É perturbador. Isso pode se manifestar nos relacionamentos; por exemplo, se estivermos em um envolvimento tóxico, que não se alinha com nosso propósito de ter um relacionamento amoroso e significativo, então podemos nos sentir transtornados. A razão de nos sentirmos assim é que ele contraria nosso desejo de um relacionamento pleno. Por isso nos sentimos presos, o que leva à confusão sobre o que fazer. Mas, se decidirmos usá-lo como oportunidade para esclarecer nosso propósito, então nos daremos conta de que merecemos algo melhor. Isso poderia levar à terapia de casais, a estabelecer mais limites, à separação ou divórcio, a pedir uma ordem de restrição; seja o que for, essa decisão pode se alinhar com nosso propósito. Conformar-se por tempo demais gera confusão.

Mesmo em termos de vida social, a confusão pode ser um problema real. Caso seu propósito seja confraternizar com amigos no bar, sendo que todos estão bêbados e você não bebe, para que estar lá? Se não quiser se divertir do mesmo jeito que eles, então qual é seu propósito? Claro, você pode passar um tempo com os amigos e não estou dizendo que não pode fazer isso com um bando de bêbados — cada um na sua! Só acho que isso é um indicador útil para você descobrir por que pode estar se sentindo confuso. Um bom método para não se sentir inseguro ou como se não pertencesse a lugar algum é verificar consigo mesmo seu propósito. Você pode simplesmente fazer uma pausa e se perguntar: "Qual a razão de eu estar aqui?" e, depois, usar a resposta a esse questionamento para inspirá-lo a ser o Melhor de Si Mesmo nessa situação. Em qualquer momento da vida no qual não temos um propósito compartilhado ou alinhado com pessoas de nossos diferentes círculos, sentimentos de confusão podem surgir. Conforme reinventamos e mudamos nossas vidas, nosso propósito evolui, e nossa missão é nos certificar de que todas as áreas da vida estejam em sintonia com ele.

Também podemos nos sentir confusos sobre o propósito quando as coisas começam a mudar inesperadamente à nossa volta. Nem sempre podemos prever o que vai acontecer. Enquanto escrevo este livro, o mundo todo foi arrastado para um estado de confusão no meio da pandemia da COVID-19. Trabalhei com muitas pessoas cujas vidas foram arruinadas e seus sentimentos de confusão, na época, eram avassaladores. Mas a questão é a seguinte: mesmo quando as coisas mudam ao redor, elas não mudam o que você é. Não é possível controlar a situação, mas você *consegue* controlar como responder a ela. Você pode precisar mudar como "vive sua vida" e isso pode até transformar seu modo de interagir com os outros, mas não muda o Melhor de Si Mesmo.

É por isso que dispor de tempo para esclarecer nosso propósito é tão importante.

Em minha vida, posso lhe dizer, passei por muitas mudanças e por minha cota de confusão também. Tinha todo um ímpeto para falar em público e estava (finalmente!) começando a gostar disso. Era muito gratificante transmitir minha mensagem de uma nova maneira. No entanto, em decorrência da pandemia, falar em público não é exatamente uma opção. Mas em vez de viver com a mentalidade de obstáculo em estado de confusão, voltei ao meu propósito. Sabia que tinha uma mensagem para compartilhar que ajudaria as pessoas como nunca ocorrera antes, então fui descobrindo outras maneiras de fazer isso. Mudei para grupos de capacitação virtual global e sessões do Facebook Live e, embora não haja ganho financeiro, ainda ajudo as pessoas. Preciso continuar fazendo, só que de forma diferente.

O mesmo vale para os Centros CAST de reabilitação. O sentimento é o mesmo; ainda estamos dando ajuda às pessoas que precisam. Só que o modelo de negócios teve que mudar e, na verdade, isso se tornou uma grande oportunidade para alcançar ainda mais gente. Agora temos um novo serviço de tratamento online que propicia às pessoas serem atendidas no conforto de suas casas. Anteriormente, mães em tempo integral, ou que tinham crianças pequenas e não podiam deixá-las sozinhas, eram impedidas de fazer o tratamento. Agora elas podem. Ou um executivo que trabalha 12 horas por dia pode fazer o tratamento de casa em vez de ter que ir aos nossos consultórios. Essa crise nos proporcionou a oportunidade de ajudar mais as pessoas e expandir nosso negócio. E a razão pela qual pudemos nos adaptar dessa forma foi por que deixamos claro nosso propósito, vimos a oportunidade e tomamos a decisão de mudar.

As soluções e opções ficaram claras para mim quando reavaliei e me concentrei no propósito pelo qual comandamos um centro de reabilitação e no porquê estou envolvido com o público. Meu propósito é ser eu mesmo e ajudar os outros a encontrar a liberdade de fazer isso. Quando estou vivendo dessa forma, tudo fica claro como água.

A JORNADA DE AUSTIN PARA ESCLARECER SEU PROPÓSITO

Quero compartilhar uma sessão de coaching que tive recentemente, na qual você pode perceber como é a confusão em plena ação. Muito frequentemente, não *percebemos* que estamos confusos até começar a falar tudo o que estávamos pensando. Assim que dissemos em voz alta ou escrevemos, passamos a ver que estamos andando em círculos com os mesmos pensamentos, sem fazer nenhum progresso.

Austin e eu nos encontramos para discutir seu trabalho, no qual estava há sete anos. Ele está com apenas 30 anos de idade, mas ultimamente tem se sentido paralisado e incapaz de tomar uma decisão sobre seguir em frente. Eis aqui como essa conversa se desenrolou.

Austin começou dizendo: — Bom, estudei japonês e gestão empresarial na faculdade. Na época, estava muito envolvido com animes e cultura japonesa. Queria estudar no Japão e pensei que talvez houvesse uma oportunidade em comércio internacional. Foi uma experiência incrível e eu não a trocaria por nada, mas isso acabou ficando para trás. Quando me graduei, imediatamente recebi uma proposta para trabalhar em uma empresa de móveis planejados. Aceitei, e foi um ótimo emprego. Mas não se trata, de modo algum, de algo apaixonante. Então comecei a achar que, se não fizesse uma mudança, as coisas passariam a ficar cada vez mais difíceis. Não que seja algo impossível, mas já começo a sentir que será meio difícil sair da minha situação atual.

— Há quanto tempo se sente assim? — perguntei.

Imediatamente, embora meio tímido, ele respondeu: — Sabia desde o início que não era realmente o caminho que queria seguir. Tinha 24 anos quando comecei aqui. — Ele fez uma pausa, respirou fundo e começou a se justificar: — Mas o salário era bom e havia muita liberdade de ação. Viajava bastante, guardava dinheiro no banco todo mês. Mas, cerca de um ano atrás, me senti disposto a me mudar de Nova York para a Califórnia; tinha saudades do clima, da minha família. Então eles me ofereceram esse cargo em Los Angeles.

Eu respondi: — Dos 24 aos 30 anos de idade, durante esse período de seis anos, alguma vez você sentiu algo como: "*Sim, adoro esse trabalho*"?

— Nunca pensei que fosse a minha paixão. Achava que era uma boa experiência, que ganhava bem, que era um modo de conhecer o mundo, viajar. Quero dizer, foi tranquilo por um tempo, honestamente, o caminho mais fácil. — Seus olhos brilharam e ele ficou distraído, pensando.

Então perguntei: — Por que você acha que se acomodou?

— É uma boa pergunta. Sempre fui de contestar um pouco a vida que eu levava. O que quero fazer? É como se eu fosse realmente ir ao encontro de meus sonhos mais profundos e delirantes. Às vezes, a solução mais fácil é apenas dizer: *consigo fazer isso dar certo*.

— O que o trabalho significa para você? Qual é o significado de ter um emprego?

— Bom, passamos muito tempo no trabalho, então... — sua voz se calou, deixando a resposta inacabada.

Eu me inclinei para frente e disse: — Não é importante para você ter um propósito?

— Claro, é muito importante para mim ter um propósito.

PROPÓSITOS CONFUSOS OU PROPÓSITOS CLAROS **191**

— Mas você já está lá há sete anos e ainda não tem, de fato, um propósito em seu trabalho. Quanto tempo e energia você pretende gastar para fazer uma mudança?

— Sabe, está sendo difícil porque meu trabalho é muito exigente. E aproveito o horário livre, vou à academia, faço uma social aqui e ali, por isso é difícil colocar muita energia nisso. Estou tentando descobrir o equilíbrio entre o tempo que preciso para me concentrar em achar um novo emprego, e o quanto de esforço manter no meu trabalho atual para fazer...

Eu o interrompi: — O que estou ouvindo você dizer, porém, é: "Não sou feliz no emprego, mas preciso de tempo para sair com meus amigos." Estou certo?

Concordando, ele disse: — Sim.

— E o que está bloqueando você? Qual é a história que está contando a si mesmo?

— Provavelmente, tem um pouco de medo e apreensão aqui dentro. Também não quero dizer que seja preguiça, mas é difícil ficar motivado às vezes.

— Pode apenas ser o fato de você não querer trabalhar?

Respondendo rápido, ele disse: — Não, não é isso. Adoraria ter um trabalho pelo qual sou apaixonado; adoro gastar bastante energia, dar tudo de mim. Entende o que quero dizer? Acho que é porque não estou convencido de que sei o que quero fazer.

— Então poderia ser: "Eu não sei o que desejo fazer e, até que descubra, não posso tomar uma decisão?

— Isso foi bem preciso — ele disse. Depois de refletir um momento, acrescentou: — Sempre amei qualquer coisa ligada a aviões, mas nunca fui atrás disso.

— Por sete anos, essa foi sua carreira. Você tem 31 anos de idade, isso representa 23% da sua vida. Durante metade de sua vida adulta, pelo menos, você ficou em uma carreira que não o satisfaz totalmente.

Após uma pequena pausa, ele disse: — Sim, está certo.

Então comentei: — Você está contando uma história a si mesmo que acredito ser a razão pela qual não está aprendendo nada novo, inspirando-se em um sábado à noite em vez de ver um filme. Ambos são divertidos, mas um traz novas ideias e possibilidades e o outro só o entreterá. Parece que você está em um modelo em que trabalho é trabalho, não há uma mistura de estilo de vida com carreira.

— Certo, eles são separados —, replicou ele.

— Descobri que, com muitas pessoas, quando o trabalho e o estilo de vida não se misturam, elas nunca querem falar sobre o emprego. Quando precisam ir, elas dizem. "Eca, tenho que ir trabalhar."

Ele disse: — Isso é o que as pessoas que não amam seu trabalho falam.

— Correto, e há aquelas pessoas para as quais trabalho e estilo de vida são meio misturados. A vida delas inspira o trabalho, e vice-versa. Há essa relação entre os dois.

Com os olhos brilhando pela primeira vez, Austin afirmou: — É, eu quero isso.

Aí lhe perguntei: — E, então, como conseguimos isso?

Sem hesitar, ele disse: — Acho que seria muito útil se tivesse um roteiro a partir do meu cargo atual para o trabalho dos sonhos. Tipo o que preciso fazer…

PROPÓSITOS CONFUSOS OU PROPÓSITOS CLAROS 193

Exclamei: — Mas, veja só, diria que estou no trabalho dos sonhos há uns 17 anos e já tive mil empregos diferentes. A jornada é sempre o destino. Não tem nada a ver com: "Consegui. Estou no trabalho que queria!"

— Eu me interesso muito por geografia, mapas, cultura, idiomas, viagens, sou apaixonado por essas coisas. Acho que isso também é algo que me segura no trabalho. Fico *muito* confuso com tudo isso.

— É porque você teve uma história de como estudou japonês e achou que estaria fazendo isso, daí pensou: "Gastei tanto tempo e energia em busca de algo e não...

Austin me interrompeu, agora falando na velocidade da luz: — Podia voltar para a faculdade, mas teria que fazer um empréstimo, e depois perderia minha vida social. Digo para mim essas coisas, mas talvez só precise de um empurrão. Sei lá.

Eu disse: — Parece que você está paralisado.

Concordando e apontando o dedo freneticamente, ele afirmou: — Eu me sinto mesmo paralisado às vezes. Sinto mesmo. Essa é uma boa maneira de explicar!

— E nunca se sentiu indeciso dessa maneira antes?

— Sim, mas não nesse grau. Quando era mais novo, as coisas não pareciam ser definitivas ou difíceis. Não tinha tanta responsabilidade.

— E como se sente quando está paralisado?

Pensando bem na resposta, ele comentou: — Quem me dera saber o que fazer para dar certo, para fazer uma mudança.

— Você acha que está deprimido?

— Talvez um pouco. Sem dúvida, ano passado passei por um pouco de depressão. Na época, pensei: "Ora ora, é *assim* que se fica quando se está deprimido."

Emendei a pergunta em outra: — Você já tomou remédios?

— Não, não sei se realmente estou a fim disso. Acho que há uma saída sem precisar disso. A não ser que haja medicamentos que me ajudem a ficar mais motivado, a fazer alguma coisa em vez de ficar paralisado —, replicou ele.

— Para mim, você está falando de roteiro para o trabalho seguinte, mas, em minha opinião, é um caminho para mais propósito e significado. E é *daí* que sairá o trabalho. Acontece que você não conseguirá explorar oportunidades se seu cérebro não estiver aberto para elas. As oportunidades, provavelmente, estão correndo à sua volta; você não tem capacidade de vê-las agora.

— Certo — disse ele — absorvendo tudo isso.

— Você tem medo de rejeição? Ou de que não consegue? Ou de que não merece?

Concordando levemente com a cabeça, ele respondeu: — Acho que mereço, mas talvez, às vezes, sinta que não sou bom o bastante. Porém, quando me pergunto "Você acha mesmo que não é bom o bastante?", não, eu não acho.

— Mas você está se comportando como se achasse —, destaquei.

— Verdade.

— Suas ações estão me contando que você está evitando conseguir o que quer da vida por causa de desculpas. Simplesmente não acredito que a razão de não ter escolhido sua paixão, propósito e significado na vida se deve à roupa suja! — Nós dois rimos muito. Completei: — Ou à academia! Ou ao resto da sua lista de desculpas! Há decisões que precisa tomar se quiser, de verdade, ter esse

PROPÓSITOS CONFUSOS OU PROPÓSITOS CLAROS   195

propósito e significado integrados, assim você estará inspirado em sua carreira. Mas você fez isso e não resultou totalmente no que esperava, certo?

— Certo —, disse ele.

— Muito bem, mas esse é o sistema de crenças que você criou. O que faço para viver nem mesmo tem um nome. Sou um life coach, antes disso fazia intervenções, antes disso era conselheiro, já tive uma clínica de reabilitação, atendo a estrelas do pop em meio às suas separações e relacionamentos. Está completamente dentro do roteiro, certo? — Austin balançou a cabeça. Continuei: — Atendo de pessoas que querem suicidar-se até aquelas que querem um emprego melhor. E se acreditasse que não tenho qualificação ou formação suficientes, ou um doutorado em psicologia clínica e tudo o mais, então não estaria fazendo o que faço. Por que acreditaria em todas essas histórias? E você tem uma lista delas que não são verdadeiras. Você está dizendo: "É, mas... não sou qualificado o suficiente. É, mas... nunca trabalhei nessa área antes. É, mas... isso significa que preciso voltar para a faculdade." Você nem mesmo tentou.

— Você está certo —, disse ele.

— Acho que você está visualizando uma carreira como uma história, criando narrativas para acreditar que tem que ser o "Trabalho dos Sonhos" e precisa ter um "Roteiro". Então, precisamos criar uma nova história que não seja impossível de conseguir. — Ele concordou, compreendendo. E continuei: — Tenho um amigo cujo trabalho dos sonhos era ser veterinário. Ele se tornou um veterinário, depois virou advogado! Depois mudou novamente, e hoje é professor especializado em vícios da UCLA.

— Sempre fui assim também.

— Isso é muito interessante! Que bom! Então, como poderíamos transformar as desculpas em fortalecimento? Diga-me algumas de suas desculpas frequentes.

— Estou cansado. A academia. Lavar roupa. Tentar comer melhor. Essas são tarefas nas quais coloco minha energia. Após fazê-las, fico esgotado.

— Então, o que está me dizendo é que seus exercícios na academia são mais importantes do que o projeto dos sonhos da sua vida?

Parecendo um pouco abatido, ele respondeu: — Provavelmente os priorizei, sim.

— Portanto, daqui a um ano, nesta mesma data, neste mesmo horário, você pode estar no mesmo lugar que está agora, ou pior.

— O que não quero.

— Mas você não quer fazer o que precisa ser feito. Seu problema número um é que lhe falta um senso de propósito na carreira. Você precisa aprender a ser curioso, começar a perguntar sobre outros trabalhos, outros caminhos: "Como você fez isso? Como foi isso? Você gosta do que faz?" Até mesmo interações com amigos são oportunidades para fazer perguntas. Veja que, neste momento, você está apenas pensando nos roteiros tradicionais e isso é horrível: você está pensando mais nos obstáculos à sua frente do que no propósito de superá-los.

Nós dois rimos e ele disse: — É verdade, concordo.

— Seu cérebro sabe a resposta, entende? Esse roteiro que estava falando, você já o tem dentro de si. Seu padrão tem sido dizer: "Eu não sei. Já é muito tarde, não sei como fazer." Então temos que criar novos caminhos neurais no cérebro. O que faria você começar a se animar?

— Preciso começar a buscar oportunidades.

PROPÓSITOS CONFUSOS OU PROPÓSITOS CLAROS   197

— Certo — eu disse — você *criará* oportunidades. Diga para mim o que pode fazer esta semana que o inspiraria a ter uma mentalidade diferente. O que o recarregaria para que estivesse realmente no caminho de quem você é autenticamente e do que ama. O que faria você se animar?

— É difícil dizer. Bem, gosto de caminhar, de ir à praia, esse tipo de coisa, mas não sei se isso me inspiraria porque faço tudo isso o tempo todo e aqui estou eu, tão confuso quanto antes.

— Mas veja como está observando. Quando vai caminhar, não pensa no quão inspirado e criativo você está. Você não pensa: "Olha aquela árvore. Tem o formato de um triângulo, vou desenhá-la quando for embora." A forma de encontrar seu propósito não é se concentrar no dinheiro; o foco é a paixão.

E como Austin e eu estávamos sentados em minha sala de estar, cuja decoração foi fruto de muito esforço meu, fiz apenas um movimento abrangente com a mão e disse: — Veja, estamos nesta sala agora, estamos na minha casa. Olhe em volta, o que neste ambiente poderia criar paixão ou inspiração para você?

— Na verdade, adorei o design deste lugar. Os móveis, os acabamentos, as obras de arte, tudo é definitivamente inspirador. Adoraria ter meios para eu mesmo criar algo assim para mim.

— É, então é possível para você criar esses meios se acreditar ser possível criar esses meios —, afirmei.

— Acho que é possível, mas estou bem longe dessa possibilidade.

— Você está em uma encruzilhada, certo? Parte de você acha possível, e parte de você acha que não?

— Sim, é como se tivesse algo dentro de mim incapaz de responder a essa pergunta, como o que pode me motivar, o que pode me inspirar. Estou procurando alguma coisa, mas está tudo vazio.

— Acho que você está um pouco deprimido —, comentei.

— Provavelmente —, respondeu. Depois de uma pausa, disse: — Talvez não fosse má ideia fazer uma avaliação psicológica mais apurada. Ouvindo isso, perguntei: — Você já fez terapia antes?

— Não.

— Nunca? Meu Deus, você está perdendo. É muito bom.

— Na verdade, isso estava na minha lista de resoluções de Ano Novo, começar terapia e tentar conseguir alguma resposta sobre o que está me segurando, por que tenho essa paralisia. Realmente não consigo dizer o que é.

— Acho que *essa é* a decisão que você precisa tomar — repliquei.

— Começar a fazer terapia?

— Sim.

Ele pensou sobre isso por um instante, e então disse: — Acho que, sem dúvida, é um bom começo.

Então respondi: — Acho que a terapia lhe seria muito benéfica. [penso mais no estilo do coaching, que é quando falo sobre "seu próximo passo, vamos lá"]. Mas não creio realmente que seu maior problema seja o trabalho.

Austin concordou lentamente e, mexendo-se um pouco na cadeira, disse: — Não, talvez não.

— Acho que você só está infeliz.

— Sim, estou.

— Então, você tomou sua decisão. Já fez a primeira parte do roteiro. Mal posso esperar para ver aonde irá a seguir.

— Eu também —, Austin afirmou.

PROPÓSITOS CONFUSOS OU PROPÓSITOS CLAROS 199

Você consegue ver como Austin estava preso na confusão? Toda vez que começávamos a falar sobre paixões e inspirações, o que levaria normalmente a uma conversa mais longa sobre propósito, ele ficava retornando ao processo. Ele achava que precisava se concentrar no processo, mas nunca podia descobrir o que o processo era para ele, quais passos teria que dar. Então, retornava aos pensamentos negativos sobre si mesmo, suas capacidades, e continuava preso, envolto nos mesmos pensamentos, sem chegar a lugar algum. Sua confusão sempre o mantinha concentrado nos obstáculos. Ficou claro para mim que ele tinha algumas coisas em que precisava trabalhar, alguma depressão para lidar. Daí em diante, seria mais fácil para o cérebro começar a esclarecer seu propósito. Mas tudo começou com ele falando e reconhecendo a confusão pelo que ela era.

Apenas algumas semanas depois de conversarmos, ele se inscreveu nos Centros CAST e começou a trabalhar sua depressão e ansiedade. Assim que chegou à raiz da depressão, e de posse de algumas ferramentas para lidar com ela, a neblina começou a se dissipar. Ele conseguiu ver que trabalho e estilo de vida não têm que estar completamente separados. Ele deu permissão a si mesmo para explorar suas paixões mais profundamente. Começou a viver como o Melhor de Si Mesmo e depois, lentamente, passou a tomar decisões para sua vida a partir dali, em vez de sair de um lugar de depressão e confusão.

Foi quando o universo pregou uma peça inesperada em Austin, como às vezes acontece. Ele foi demitido do trabalho. Mas em vez de pensar nisso como um obstáculo, como a maioria de nós faria nessa situação, ele imediatamente encarou a reviravolta dos acontecimentos como uma enorme oportunidade, e viu que essa era sua chance de explorar e esclarecer seu verdadeiro propósito de vida. Ele sabia que era a hora da reinvenção. Desde criança, aviões o fascinavam e por anos ele ficou dizendo a si mesmo que era tarde demais para fazer algo a respeito. Mas agora, com sua nova vida, ele sabia que chegara a hora de parar de contar histórias a si mesmo e de dar passos reais para viver em alinhamento com seu propósito. Enquanto escrevo isto, Austin está trabalhando para se tornar piloto. É impossível não ficar feliz por ele.

CUIDAR DA DEPRESSÃO PODE ALIVIAR A CONFUSÃO

Quando a depressão ou a ansiedade o atingem, como era o caso de Austin, abordá-las de frente pode ajudá-lo a alcançar um novo nível de esclarecimento. Buscar terapia pode ser sua Decisão Poderosa que o impulsionará para uma vida melhor, porque pode ajudá-lo a remover os obstáculos mentais que o mantinham no estado de confusão. Você será mais capaz de acessar e se conectar com seu propósito, pois não terá que superar primeiro o bloqueio da depressão.

Agora, vamos dar uma visão geral sobre essas forças opostas. Faça a si mesmo a pergunta: você está lidando com algum nível de confusão em alguma área específica de sua vida? Comece a pensar sobre isso, mas não escreva nada ainda.

Propósitos Confusos:

- Pensar em excesso sobre as situações a ponto de se sentir impotente, sobrecarregado.

- Em virtude da indecisão, ficar preso à inércia.

- Buscar opiniões em excesso e perder o contato com seus instintos.

- Tornar-se potencialmente codependente.

- Querer agradar a todos.

Propósitos Claros:

- Perguntar a nós mesmos sobre a razão pela qual tomamos uma decisão de um jeito ou de outro.

- Perceber que algumas decisões não são sobre nosso "propósito de vida", e que talvez tenhamos apenas um papel a desempenhar em certas situações.

- Compreender/descobrir nosso propósito em qualquer situação.

- Trabalhar com uma equipe de decisão para auxiliá-lo a se realinhar com seu propósito.

TORNADOS DE CONFUSÃO

Em um jantar recente com minha amiga Amy, ela me dizia que tentava tomar uma decisão em nome de seu filho, a qual sentia ser de enorme importância. Ela era solteira e o filho estava com dificuldades na escola. Apesar de suas tentativas de solução junto à administração, ela achava que era uma luta perdida, e que aquele ambiente específico seria prejudicial ao menino. Queria colocá-lo em outra instituição ou ensiná-lo em casa. Quando ela mencionou o assunto, foi interessante ver como sua postura como um todo se transformou. Ao terminar de me contar todos os detalhes da situação, ela estava praticamente se segurando na mesa como se estivesse em perigo. Mostrando-lhe isso, perguntei: — Parece que está se segurando para salvar sua vida. Você está bem?

Ela olhou para baixo e viu que todos os músculos da parte superior do corpo estavam tensos, a ponto de ela poder ver claramente as veias das mãos. Ela riu levemente e disse: — Outro dia, estava segurando a direção do carro com tanta força que meus dedos ficaram dormentes. É como se eu sentisse que seria atingida por um tornado.

Sabia que ela havia crescido em Oklahoma, bem no coração desses eventos meteorológicos, e achei que essa metáfora poderia ser útil para identificar o que ocorria com seu processo de tomada de decisão. Então, perguntei: — Você tem caneta e papel aí?

Ela vasculhou sua bolsa, encontrou, e me deu.

— Muito bem. Agora quero que escreva uma coisa.

— Tá bom... — disse ela, olhando para mim desconfiada.

— Pense no tornado para o qual você vem se preparando toda vez que está pensando na grande decisão que precisa tomar. Agora, escreva as palavras ou frases mais relevantes que agitam sua mente toda vez que tenta tomar essa decisão.

Ela tocou a caneta nos lábios por um segundo e começou a escrever. Depois, leu as palavras em voz alta: — "O futuro dele, a opinião da minha mãe, mudança no estilo de vida, se eu estiver errada, péssima mãe, dinheiro."

Quando ela terminou, eu disse: — Dê uma olhada. Como isso faz você se sentir?

— Isso com certeza me causa ansiedade. Esses pensamentos ficam girando em círculos na minha cabeça, à toda, sem parar. Meu coração acelera. Às vezes, quando estou assim, sinto uma pressão no peito e meu coração bate descompassadamente.

— Você acha que continuar desse jeito a ajudará a chegar a alguma decisão?

Balançando a cabeça e revirando os olhos, ela replicou: — Não a uma que seja boa, sem dúvida. Mas não consigo pôr meus pensamentos em ordem. Estou muito confusa em meio a tudo isso.

— Sei. Parece que você tem um monte de gente na cabeça falando ao mesmo tempo. — Ela começou a assentir e sorrir e eu continuei: — E você fica patinando sem sair do lugar o tempo todo.

— Sim. E falei com tantas pessoas, Mike. Literalmente perguntei a opinião que tinham sobre isso para todos na minha vida. E especialistas. E mais especialistas. Grupos de Facebook. É só dizer o nome que confirmo que já pedi conselhos também. Mas todos imaginam alguma coisa diferente. Não cheguei a um consenso, então agora todas essas opiniões fazem parte do tornado da confusão.

— Certo, mas entre todas as pessoas com quem você falou, tem alguém que conhece você, seu filho e é um especialista na área de educação?

Ela refletiu um pouco, mentalmente repassando a lista de pessoas com quem conversou, e disse: — Bem, na verdade não. Eles ou nos conhecem ou têm alguma especialidade, seja em ensino domiciliar ou em escola particular.

— Entendi. Então, acho que uma das primeiras coisas que a ajudará é falar com alguém, talvez com um psicólogo infantil que possa avaliar seu filho e, depois, sugerir o melhor tipo de escola para ele. Porque parece que todas as opiniões até agora só serviram para deixar você mais confusa. Concorda?

— Sim, sem dúvida. Essa é uma boa ideia.

— Mas deixe-me perguntar mais uma coisa para você: qual é seu propósito nessa decisão? Quando se trata da educação de seu filho, qual é *seu* propósito?

— Hummm, acho que meio que perdi de vista meu propósito específico. Quero dizer, é claro que desejo fazer o certo para meu filho, mas tenho me questionado se meu novo papel é ser sua educadora e como essa vida seria. Sabe, tenho que trabalhar, então como poderia também educá-lo? E como vou saber com certeza que estou fazendo a coisa certa para ele independentemente do que venha a escolher? Estou perdida.

— Escreva três palavras ou frases que venham à sua mente quando pensa no propósito da educação de seu filho.

PROPÓSITOS CONFUSOS OU PROPÓSITOS CLAROS

Ela começou a escrever; parou, recomeçou, de novo pausou, e depois continuou. Então, pegou o papel e leu em voz alta: — "Certificar-se de que ele se sinta ouvido, instigar nele o amor ao conhecimento, apreciar a vida junto." — Em seguida, suspirou profundamente.

— Como se sente?

— Melhor. Muito melhor. Isso simplifica as coisas.

Então perguntei: — Se você se concentrasse nos pontos que escreveu em vez daquelas vozes e toda aquela confusão, seria mais provável chegar a uma decisão?

— Sim, porque acho que perdi de vista meus objetivos gerais, o que mais queria para ele. Fiquei presa à perspectiva dos outros.

— Olhe, então, para seu tornado de palavras de novo. Como se sente olhando para elas?

Ela respondeu: — Não tão mal, na verdade. Sinto quase como se estivesse olhando de cima agora. Está lá, mas não pode chegar até mim. Isso faz sentido? Não me senti ameaçada como antes.

— E você não está mais se segurando na mesa como se estivesse prestes a explodir, então isso é um progresso —, disse. E nós dois rimos.

MUDANDO DO PROPÓSITO CONFUSO PARA O CLARO

Está confuso quanto a uma decisão que precisa tomar? Ou talvez se sinta perdido na área que você mais quer aperfeiçoar em sua vida, e isso está causando indecisão? Dê uma olhada nesta tabela com exemplos da vida real de um propósito confuso em comparação com um propósito claro.

PROPÓSITO CONFUSO	PROPÓSITO CLARO
Tenho que tomar a decisão *certa*. Se não, sofrerei com arrependimentos.	Não há certo ou errado, apenas alinhado ou não. Vou me concentrar em meu propósito em vez do resultado, e depois desapegarei.
Todos estão me dizendo algo diferente; não sei como decidirei.	Pedirei a alguém da minha equipe de decisão para me lembrar do meu propósito, e me apoiarei nessa pessoa para me ajudar a agir dentro dele.
Não sei mais por que estou fazendo isso; sinto-me perdido e desmotivado.	Sei quem eu sou e deixarei que essa verdade me guie e me motive.

EXERCÍCIO

Agora, pense sobre uma decisão que você poderia, ou precisa, tomar. No quadro em branco a seguir, escreva embaixo de "Propósito Confuso" qualquer pensamento que remeta ao sentimento de confusão em torno da decisão. Então, pense em como pode estar de acordo com seu propósito e com quem você é; depois, escreva esses pensamentos embaixo de "Propósito Claro".

PROPÓSITO CONFUSO	PROPÓSITO CLARO

Agora, tendo em mente o propósito claro, quais são algumas das oportunidades que você tem e que talvez não pudesse ver quando estava com os sentimentos confusos?

_____

_____

_____

_____

Finalmente, concentrando-se nessas oportunidades e dentro da mentalidade do propósito claro, qual a decisão que você pode tomar que melhoraria sua vida de alguma forma?

_____

_____

_____

_____

SEM CONFUSÃO E COM PROPÓSITO

Toda vez que você sentir que não sabe por que está em algum lugar ou por que está fazendo um trabalho que parece bom, está precisando voltar à inspiração, ou apenas confuso em como seguir em frente, o remédio para curar a confusão é esclarecer seu propósito.

A seguir, você vai trabalhar com a última das FORÇAS, e isso o ajudará a ver como seus sentimentos podem, às vezes, interferir nos fatos. Vamos lá!

9

FORCE

RACIOCÍNIO EMOCIONAL OU RACIOCÍNIO BASEADO EM EVIDÊNCIAS

As emoções podem ser extremamente poderosas. Se você já esteve sob um ataque de ansiedade extenuante, se foi tomado por um ódio cego ou a tristeza o fez ficar de joelhos, sabe o que quero dizer. Por outro lado, se alguma vez se sentiu como se estivesse flutuando em uma nuvem de alegria, repleto de gratidão ou riu tanto que até chorou, então você também viveu a experiência do poder das emoções. Nós, humanos, somos seres altamente emocionais, e nossa evolução percorreu esse caminho por muitas razões. As emoções nos unem em relacionamentos e comunidades, nos ajudam a cumprir objetivos sociais, nos impulsionam a criar soluções e tecnologia, nos protegem e nos motivam. Mas, tendo em conta o excesso de liberdade, as emoções podem também nos levar a tomar decisões irracionais, sem autenticidade, que podem não só nos prejudicar, mas também as pessoas à nossa volta.

Equilibrar nossas emoções é uma habilidade importante, especificamente quando trata-se de tomada de decisão.

Uma forma de saber se não estamos em equilíbrio é quando começamos a perder de vista a diferença entre o que sentimos que é verdade e o que é verdade de fato. Se estamos tomando decisões baseadas em sentimentos, isso é raciocínio emocional, ao passo que, se o fazemos com base em evidências reais e comprováveis, isso é raciocínio alicerçado em evidências. Quando estamos raciocinando com emoção, acreditamos que sentimentos *são* fatos. E, quando isso é feito com base em evidências, somos capazes de reconhecer as emoções, colocá-las de lado, e nos apoiar principalmente nas evidências para tomar decisões. Isso evita que optemos por algo que não é do nosso melhor interesse, porque foi baseado em emoções fugazes e passageiras.

Qualquer um que deixou seus sentimentos serem seu sistema de navegação principal ao longo da vida pode ter dificuldade, no início, em conseguir trocar a emoção pela evidência. Mas é uma mudança incrivelmente gratificante de fazer, porque ela lhe permite dominar e determinar suas emoções, em vez de reagir constantemente ao que ocorre na vida. Você não precisa viver imaginando quem vai magoá-lo agora, ou se os acontecimentos de cada dia vão bater ou ferir você ou deixá-lo animado e satisfeito. Em vez disso, sua felicidade está vindo de um lugar *dentro* de você, do Melhor de Si Mesmo, em vez de se originar de fatores externos. Pode ser um processo de fortalecimento e pode lhe dar a liberdade de tomar o controle de suas emoções e estabelecer decisões consistentes que lhe trarão paz, independentemente do resultado.

NÃO ESTOU *A FIM...*

Muito do nosso crescimento e progresso como indivíduos ocorre quando saímos de nossa zona de conforto e nos forçamos a fazer algo mesmo quando não estamos "a fim". Se deixarmos nossos sentimentos ditarem todas as nossas ações, é provável que nunca evoluiremos. Por isso, quando dizemos a nós mesmos "Hoje não farei o exercício deste livro porque não estou a fim", ou "Não vou me exercitar hoje, não estou nem um pouco a fim", ou "Não vou preparar o almoço das crianças, porque não estou a fim", precisamos nos questionar se nossos sentimentos são mais importantes do que aquilo que estamos sacrificando. Nove vezes em dez, nós nos sentiremos melhor se fizermos o trabalho e pronto. Assim como quando estamos crescendo fisicamente e sentimos as dores do crescimento, evoluir como pessoa também envolve sentimentos desconfortáveis de vez em quando. Não é possível agirmos para sempre de acordo com sentimentos; é preciso retornar aos fatos.

AS DECISÕES DE ROCCO ORIENTADAS EMOCIONALMENTE

Nem sempre é fácil perceber ou identificar quando estamos usando o raciocínio emocional. É um desafio reconhecer esse padrão, principalmente quando nossas emoções têm controlado nossa vida diária por um longo período de tempo. Repetindo, quando estamos imersos no raciocínio emocional, confundimos sentimentos com fatos. Acreditamos que, se sentimos algo, então é real. Porém, descobri que, quando começamos a desembaraçar as motivações por trás de nossas ações, podemos começar a ver onde deixamos emoções, em vez de evidências, orientarem nossa tomada de decisão.

Foi exatamente o que aconteceu em uma das minhas sessões recentes de coaching. Quando me reuni com Rocco, nenhum dos dois tinha qualquer ideia do rumo que nossa conversa tomaria. Ele sempre se interessou por assuntos relacionados à autoajuda e já trabalhou muito se entendendo ao longo dos anos, por isso estava bem aberto e disposto a explorar qualquer oportunidade em potencial para melhorar ainda mais a si mesmo.

Para fazer as coisas andarem, iniciamos pela avaliação de várias áreas da vida dele, às quais classificou como neutras — ou seja, podiam ser melhores, mas não havia urgência em fazer mudanças. Mas, quando abordamos a "vida familiar", ele imediatamente a apontou como a mais problemática. Veja o que aconteceu a seguir.

— Por que você classificou assim sua vida familiar? A quem especificamente está se referindo?

Sua resposta: — Minha mãe faleceu há três anos, então na verdade falo sobre o relacionamento com meu pai. Ele está passando por grandes dificuldades e acho que está descontando em mim.

— Certo, entendi. E quanto à sua saúde emocional?

— Classificaria entre nove ou dez. Sinto-me 100% satisfeito. Sempre pode ser melhor, é claro —, respondeu ele, com um sorriso grande e confiante no rosto.

— Você está genuinamente feliz. Isso é ótimo —, disse eu.

RACIOCÍNIO EMOCIONAL OU RACIOCÍNIO BASEADO EM EVIDÊNCIAS 215

— É, estou, comentou ele, mexendo-se um pouco no sofá.

— Certo. E relacionamentos românticos. Como estão?

— Não estou em nenhum relacionamento íntimo no momento; acabei de sair de um sério. Classifiquei essa área com uma nota cinco. Consigo ver os sinais de alerta melhor do que antes e identificar as pessoas que têm a energia que quero em minha vida agora —, disse ele, claramente já tendo pensado sobre isso antes.

— E em que área de sua vida acha que está tomando decisões que não são boas para você?

Essa última pergunta ressoou. Isso ficou claro no seu discurso acelerado, quando ressaltou: — Acho que não me sinto bem com minhas decisões sobre relacionamentos. Um problema recorrente é que sempre pareço atrair um certo tipo de pessoa na minha vida. Meu coach Al-Anon me falou que sou o "Cara que Conserta Garotas ou Pessoas em Apuros", porque sempre tento aceitar em minha vida gente que está passando por alguma dificuldade. (Caso você nunca tenha ouvido falar do "Al-Anon Family Groups" antes, trata-se de uma associação [com sede também no Brasil] que oferece um programa de recuperação para ajudar famílias e amigos de pessoas com problemas de alcoolismo a se recuperar dos efeitos do vício de um ente querido.)

— Então você se sente atraído por pessoas que precisam de ajuda?

— Nem sempre sou eu quem as conserta, mas sim. Sinto-me atraído graças à minha mãe, e foi o que vi em meu último relacionamento —, respondeu.

— Você falou de sua mãe, e agora estou me lembrando que ela lutou contra um vício. Quantos anos tinha quando faleceu?

— Ela faleceu com 50, de overdose por fentanil e cocaína.

— Então você cresceu em meio ao caos? — Ele começou a concordar, então continuei: — Passou a ser algo normal para você ter que cuidar dos outros? É assim que você se vê em um relacionamento?

Isso mexeu com ele, que então começou a contar sua história. — Sim, na infância era um nômade. Mudando de um lugar para o outro, sendo acordado no meio da noite para jogar cartas na casa do amigo da minha mãe. Como filho único, sempre tive de fazer amizade com as pessoas. Vi minha mãe ter overdose muitas vezes, sem saber o que estava acontecendo na época. Meus pais se divorciaram quando tinha 7 anos, e minha mãe começou a sair com outras pessoas — até mesmo ficou noiva uma vez, mas não deu certo. Ela perdeu nossa casa e mudamos para um apartamento. Comecei a perceber que ela era viciada em drogas. Fui morar com meu pai e as coisas começaram lenta, mas certamente, a desmoronar para minha mãe. Ela perdeu um bom emprego de 15 anos; depois arrumou outro, que pagava bem, mas o perdeu também. O vício estava cobrando seu preço e o tipo de pessoas com quem ela andava eram cada vez piores. Aos 15 ou 16 anos de idade, falei para ela parar de andar com aquela gente. Parecia que ela queria ajudá-los, mas não estava funcionando.

A história da infância de Rocco, infelizmente, não era incomum. De acordo com a National Survey on Drug Use and Health [uma agência de saúde pública dos EUA], 1 em cada 8 crianças (o que significa 8,7 milhões de crianças nos Estados Unidos) com 17 anos de idade ou menos vivem em uma casa na qual ao menos um dos pais tem transtorno por uso de substâncias.

Então lhe perguntei: — Em seus relacionamentos, ficou com pessoas que não eram saudáveis para você?

Com o rosto meio franzido, ele disse: — As duas últimas eram extremamente tóxicas.

— Era semelhante ao que sentia quando criança?

— Sim. Na verdade, quando conheceu minha ex, meu pai disse que ela lhe lembrava minha mãe, e pensei: "Ah, ele quer dizer as coisas boas." Mas à medida que o relacionamento evoluiu, percebi que não eram só as coisas boas.

— Conte-me uma coisa. Quando você toma uma decisão, como com sua ex, de que maneira suas emoções lhe afetam? Por exemplo, a decisão de ficar com ela. Você acredita que suas emoções, de repente, ditaram tudo?

— Sim, totalmente. Senti como se ela fosse meu mundo, meu tudo.

— Foi porque se sentiu muito bem?

Ele ficou em silêncio por um momento para pensar, depois disse: — Na minha cabeça, estava contando uma história para mim mesmo. Estava me convencendo por alguma razão. Embora estivesse extremamente estressado e parecesse que ela podia ir embora a qualquer minuto.

— Bem, me explique exatamente o que aconteceu com sua ex.

— Ficamos juntos e pensava que tinha me apaixonado na primeira noite em que a conheci. Tudo era maravilhoso.

— Você pensou: "Essa é a mulher com quem quero me casar?"

— Pensei, sem dúvida — respondeu ele, lembrando daquela noite.

— Onde vocês estavam quando a conheceu? — perguntei, curioso para ouvir os detalhes que envolviam esse encontro de amor à primeira vista.

— Em uma boate — disse ele, rindo alto.

— Você estava sóbrio? E ela? — questionei, também rindo um pouco.

— Ela estava bebendo.

— E o que você estava tomando?

— Molly — admitiu ele, em referência a como o ecstasy também é conhecido.

— Ecstasy. Bem, então, na noite em que se conheceram você estava sob efeito de ecstasy. E estava convencido de que a amava. Mas, com ecstasy, não se ama *todo mundo*? — eu disse. A essa altura, estávamos morrendo de rir.

— É, mas não como eu *a* amava — disse ele.

— E foram para casa juntos?

— Sim.

— E você foi embora no dia seguinte? Ou o que aconteceu depois?

Ele disse: — Depois daquele momento não passamos nenhum dia separados por dois … anos … inteiros.

— Certo. E quanto tempo após o encontro você fez o pedido de casamento?

— Um ano e meio.

— E, durante esse período, houve alguma briga entre vocês dois?

— Ah, muitas — comentou ele sem hesitação, mas olhando para baixo.

— Muitas brigas?

— Sim, mas nunca uma que eu tivesse começado. Era sempre quem ficava de boa, pensando comigo mesmo: "Como foi que me meti nessa briga? Não acho que devíamos brigar por isto." Sou uma pessoa comunicativa. Serei firme em relação a algo que acredito, mas não sou de começar uma briga por algo fútil. Nunca ficaria

RACIOCÍNIO EMOCIONAL OU RACIOCÍNIO BASEADO EM EVIDÊNCIAS   219

excessivamente chateado. Eu me retiro da situação, me recomponho e me comunico. Mas com ela, se comprasse um pacote a menos de arroz, ela falava: "Você não me escuta, você não me entende."

— Então, sabendo que você estava com alguém que ficava bravo com você por ter trazido um pacote a menos de arroz, me conta sobre sua decisão de pedi-la em casamento. Em quantas brigas você se meteu?

— Provavelmente umas vinte — disse ele.

— Vinte, certo. E quantas discussões menores?

— Sempre tinha alguma coisa que estava fazendo errado, ou ela dizia: "Você fica se fazendo de vítima" ou "Seja amigo dessas pessoas", e ela estava sempre questionando quem eu era. Acho que era ela me desafiando a ser uma pessoa melhor e sentia que a amava. Na história que contei para mim mesmo, fazia tudo para ela e me justificava, pensando que ela estava me ajudando a crescer.

— Você raciocinava assim porque a amava e isso tinha prioridade sobre tudo, sobre o conflito, as brigas?

— Eu a amava tanto que justificaria *tudo* — afirmou, com um olhar um pouco diferente. Parecia que ele estava começando a experimentar um novo nível de consciência.

— Então seu raciocínio emocional o levou a não ver os alertas vermelhos, não ver o que é melhor para você; o que valia era que você a amava muito e não importava o que ela fizesse, certo?

Concordando lentamente e se inclinando para trás no sofá, ele comentou: — Lembro de ter falado para alguém que, se ela me traísse, eu a perdoaria porque a amava muito.

— Você usou suas emoções para justificar tudo?

— Tudo — confirmou. Ele tinha um sorriso de reconhecimento agora, porque podia ver as coisas mais claramente com o benefício da retrospectiva.

— E você está percebendo isso, não está? Você está sorrindo — falei para ele, e nós dois rimos.

— É engraçado, porque sou uma pessoa muito lógica e não sou emotivo demais. Mas agora estou percebendo que estava deixando minhas emoções controlarem tudo por causa do amor que sentia por ela.

— Parece que você ignorou as evidências — comentei.

Concordando de novo, ele disse: — Ah, é. E todos sabiam. Meu coach Al-Anon, todo mundo.

— Então, por que isso não aconteceria novamente? Porque parece que, quando o amor entra em sua mente, você ignora todas as evidências.

— Sinto como se isso tivesse ligação com ter visto minha mãe passar por todas essas coisas. Então, com minha namorada, eu dizia: "Ah, esta semana ela tomou ecstasy; por isso está agindo desta maneira." Ou justificava tudo pensando: "Ela foi estuprada ou abusada sexualmente, é por isso que age desse jeito. Foi por isso que ela saiu correndo para a varanda, gritando e pedindo socorro como se fosse uma refém." Justificava por que ela falava que não estava feliz. Sempre lhe dizia: "Não sou a pessoa que fará você feliz. Sou seu companheiro, estou aqui para te amar, ser seu e fazer o que puder por você, mas não posso ajudá-la com sua felicidade. Isso é algo que *você* tem que fazer" — disse ele.

— Tem algo que chamo de bicho-papão. O que aconteceu com sua mãe, quando você era criança, criou uma história que se enraizou em você e fez com que acreditasse nela. Ela lhe conta que

RACIOCÍNIO EMOCIONAL OU RACIOCÍNIO BASEADO EM EVIDÊNCIAS 221

amar alguém significa tolerar sua loucura. Ou abuso. Ou abuso emocional. Ou negligência. Ou tudo isso junto. Isso é o que você aprendeu ao crescer e passou a acreditar. Essa, contudo, não é uma história *verdadeira*. Você apenas está amarrado a ela. Essa é a narrativa que assombra sua vida adulta hoje. A fim de não deixar o bicho-papão assumir o controle, que decisão você precisa tomar para que a situação fique a seu favor?

Reflexivo, ele disse: — Definitivamente, acho que preciso de mais amor próprio e autorrespeito para colocar limites em torno do que tolerarei ou não. Eu não devia tolerar negligência, abuso ou tentar racionalizar essas coisas em função do sentimento que tenho por alguém. Se vir um sinal de alerta, preciso me valorizar mais — dar atenção ao lado espiritual, consultar um psicólogo. Trabalhar a mim mesmo em vez de tentar ajudar outra pessoa. Já me disseram que, se você se envolver em um acidente de carro, precisa passar por fisioterapia. Sofri um trauma emocional e mental por minha mãe ser viciada em drogas durante 35 anos, e vivi 22 anos assim. O trauma emocional pelo qual passei não pode ser curado com meditação e livros de autoajuda. Preciso me curar para que possa voltar à homeostase, um estado em que posso aceitar um amor verdadeiro na minha vida.

— É, assim você pode fortalecer a si mesmo. E esse fortalecimento o impede de cair nos velhos padrões.

— Porque continuo fazendo isso o tempo todo — ele disse.

— Acho que fazer terapia seria maravilhoso para você, para que você mude e descubra uma nova forma de olhar o amor e o apego a ele. Você pode decidir ser proativo. Em caso contrário, como você disse, o padrão meio que se repete. Posso conseguir uma recomendação para um terapeuta, assim você pode tomar a decisão de começar a jornada da cura. É uma lástima não podermos reconhecer qual é o problema e cognitivamente dizer: "Tudo bem, superei isso e agora estou bem", e pensar: "Preciso trabalhar esse negócio dentro de mim?" Mas isso também é a melhor coisa que podemos fazer. Decidir deixar que os elementos que queremos definam nosso futuro, e os elementos que não queremos não precisam definir nosso futuro. Você já fez terapia?

— Não, nunca — respondeu.

— E olha como você foi longe sem terapia!

Ele sorriu e disse: — Isso tudo foi com livros de autoajuda, leitura e pesquisa. Então consegui chegar a alguns porquês. Descobri muito sobre minha identidade, minha mãe estava sempre muito orgulhosa de mim, *até demais*, e meu pai não demonstrava nada. Queria deixá-lo orgulhoso, mas também merecer o carinho da minha mãe, que era genuíno. Ela me dava coisas para demonstrar isso, mas o que queria era que ela fosse aos meus jogos de futebol americano, estivesse mentalmente ali, não drogada, mas com a família, com ideias sãs e claras. Queria que ela estivesse lá por inteiro, física, mental e espiritualmente. Parecia que estava tentando merecer amor e afeto, mas também que meu pai mostrasse orgulho. Minha mãe falava de mim para todo mundo. Mas não parecia verdadeiro, porque eu pensava: "Como você pode me amar tanto e sentir tanto orgulho de mim, mas não consegue se manter sob controle para mim, seu filho?"

E então ele parou. O silêncio ficou denso com o peso do que tinha acabado de dizer. Estava pensativo, olhava para o nada. E, então, respondi: — Ela não conseguia.

Olhando para baixo às suas mãos, que estavam entrelaçadas, ele disse: — É isso.

— Tudo isso. Você precisa ser capaz de falar com alguém, ligar os pontos e se curar. Porque trata-se do seguinte: é uma decisão para curar seu passado, para que seu futuro seja diferente.

— Eu meio que estabeleci a intenção de curar meu passado.

— Está certo. Para que você possa ter uma realidade diferente — eu disse — e assim poder começar a tomar decisões que sejam baseadas em evidências em vez de emoções. Porque, veja bem, você realmente não pode se apaixonar por uma pessoa no minuto em que a conhece, principalmente em uma boate. É preciso considerar as evidências, olhar a situação por inteiro, perguntar a si mesmo se há outros fatores em jogo. As evidências que precisam ser consideradas mostram que você, na realidade, não tem como conhecer alguém intimamente nessas circunstâncias e período de tempo. E você precisa ver se a pessoa também o trata com amor. O que evidencia que o relacionamento é saudável e positivo para ambos? Em vez de deixar a forte emoção do "estou apaixonado por essa pessoa" tomar conta, você precisa considerar as evidências como sendo mais importantes que as emoções.

Ele comentou: — Quando você fala sobre evidência, eu me lembro que... na verdade, ela dizia que não queria estar comigo, e eu respondia: "Não, você só está chateada." Mas, na realidade, não, ela estava me comunicando que não era feliz. Porém estava apenas deixando minhas emoções cuidarem de tudo. Deveria ter dito: "Ora, você não quer ficar comigo, não está feliz, então vá embora!"

Eu lhe disse: — Ou talvez seja: "Você não é o que preciso." Você não teve escolha na infância, mas agora tem. A questão não é se ela quer ou não ficar com você, mas se é saudável para *você*. — E, então, continuei: — Nós sabemos, para início de conversa, que provavelmente não é a melhor coisa conhecer alguém em uma boate tendo ingerido ecstasy. Acho que esse é o primeiro passo. — E essa simples verdade nos fez compartilhar uma boa gargalhada.

Rocco começou a terapia na semana seguinte — sua primeira decisão que o levaria em direção a uma vida melhor. Ele já tinha trabalhado bastante em si mesmo por meio de sua própria pesquisa, vontade e curiosidade sobre seu comportamento, e havia desenvolvido uma consciência muito apurada de como seu passado se relacionava com suas tomadas de decisão no presente. Hoje ele tem condição de interromper essa repetição de padrões prejudiciais, principalmente em seus relacionamentos.

Quando nos falamos pela primeira vez, Rocco não tinha visto qualquer necessidade urgente em sua vida emocional. Porém, assim que começamos a conversar sobre relacionamentos e ele ligou os pontos para ver como estava usando o raciocínio emocional, houve uma grande mudança. O que mudou? Ele olhou para as *evidências*.

Em vez de permitir que as emoções determinassem o que era verdade, ele deixou que as evidências se sobrepusessem ao que suas emoções estavam lhe dizendo. Não temos como sentir que estamos no rumo certo quanto às decisões que são as melhores para nós. Apenas sentir alguma coisa não implica que seja verdade. Ele *sentiu* que estava apaixonado por alguém que não ligava para ele, o tratava mal e não estava disponível para um relacionamento real e autêntico. No entanto, quando ele recuou e constatou todas as evidências, desde sua criação até quando e como eles se conheceram, e considerou as repetidas vezes em que ela lhe disse que não queria um relacionamento, ele pôde ver que seus sentimentos não eram verdadeiros. E que certamente não vinham do Melhor de Si Mesmo, ou o direcionavam para uma vida melhor.

Conversei com Rocco recentemente para uma atualização, e ele me contou que ganhou bastante clareza sobre como ele estava tomando decisões orientadas emocionalmente. Ele disse que conseguia identificar isso e parar antes que fosse longe demais. Ele também me falou que agora está em uma jornada de descoberta de

RACIOCÍNIO BASEADO EM EVIDÊNCIAS

como entrar em relacionamentos baseado nas evidências que tem diante de si. Às vezes, basta apenas um pouco de autoconsciência para reconhecer esses padrões mais claramente.

Quando tomamos decisões usando o raciocínio emocional, frequentemente ignoramos as evidências e dizemos para nós mesmos: "É, mas eu me *sinto* assim." Esse é um ponto de vista muito limitado, porque nos mantém vinculados ao sentimento. Decisões tomadas como resultado direto do raciocínio emocional são, com frequência, resoluções precipitadas que não se originam ou servem à nossa melhor versão. (Como quando Rocco decidiu, sob efeito de ecstasy, que estava apaixonado por uma mulher que havia acabado de conhecer em uma boate.)

Como você viu no exemplo de Rocco, o "truque" é o *raciocínio baseado em evidências*. Essa é a maneira de se sincronizar de novo com sua autenticidade. Temos que abordar nossa tomada de decisão assim como um detetive reúne todas as evidências antes de formar sua opinião. Dado o poder das emoções, isso nem sempre é fácil.

O medo nos impede de levar uma vida melhor, de dar um passo para fora de nossa zona de conforto, de assumir riscos calculados e de vivenciar grandes recompensas, porque, no início, fazer essas coisas não nos faz *sentir* bem. O medo também nos faz criar histórias que simplesmente não são verdadeiras. Ao estarmos dispostos a deixar de lado o medo, ou qualquer outra emoção que nos mantenha presos, por tempo suficiente para examinar as evidências, já fizemos a parte mais difícil.

Para mim, à medida que construía minha persona pública, tive de enfrentar o fato de que falar em público não me fazia sentir bem. Ficava exausto só de pensar nisso, e evitei por anos! Tive até uma instituição de caridade na qual havia um evento de autoajuda itinerante que, em conjunto com uma turnê de música pop, percorreu mais de 75 cidades; falei em apenas alguns poucos eventos, mas deveria ter sido em todos. Não me sentia bem falando em público; portanto, pensei que deveria deixar de fazer aquilo. Estava deixando minhas emoções ditarem meu raciocínio.

Quando resolvi olhar as evidências em vez das emoções, percebi que, na verdade, já estava envolvido em falar em público há muito tempo, na forma de apresentar novas ideias e sistemas nos Centros CAST. E trabalhava com indivíduos de grande destaque, divididos em grupos, há muitos anos. Na verdade, estava aperfeiçoando as capacidades necessárias para falar em púbico há duas décadas. Aparecer no palco e falar diante do público e dos telespectadores era, na verdade, muito mais fácil do que imaginava. Uma vez que deixei a emoção de lado e confiei nas evidências, a decisão tornou-se clara: estava pronto para falar em público mais vezes.

Agora participo regularmente do *Dr. Phil* [programa de TV que segue no ar nas tardes norte-americanas] e falo diante de milhares de pessoas em eventos corporativos do mundo inteiro, oferecendo minha perspectiva de como eles podem melhorar suas vidas. Também tenho o podcast *Always Evolving with Coach Mike Bayer* [Evoluir Sempre com o Coach Mike Bayer, em tradução livre], que me permite conversar com todos os tipos de pessoas fascinantes e me aprofundar em suas próprias tomadas de decisão. Faço sessões de coaching ao vivo no Instagram e no Facebook, como uma forma de me envolver mais com meu público e fornecer ferramentas valiosas para eles aplicarem no dia a dia. E essas são palestras improvisadas para um público com centenas, até alguns milhares de pessoas. Você pode até ter conversado comigo em algumas dessas sessões ou o fará em algum momento, e o divertido nisso é que elas são totalmente sem preparação. Às vezes faço a sessão de coaching, outras vezes temos competições de dança, e amo essa espontaneidade.

Também recorro aos elementos de espontaneidade quando sou contratado para dar uma palestra em público. Às vezes, começamos com todos na plateia fazendo uma selfie, assim eles podem ver como estão no início da palestra e no final. De vez em quando também coloco elementos teatrais, principalmente porque ajuda o público a se envolver e realmente aprender e aplicar o material em suas vidas.

Quanto mais você faz uma coisa, mais confiante fica, e mais descobre sobre seu próprio estilo. Quanto mais sou capaz de ser eu mesmo, mais as pessoas me chamam de volta e mais sou capaz de fazer um bem maior. Tudo isso é "evidência" que poderia usar para mudar minha perspectiva. Você só precisa desfazer a história inicial que contou para si mesmo. Falar em público se tornou uma forma de vida para mim, algo que *nunca* pensei que aconteceria!

INSTINTO? OU EMOÇÃO?

O raciocínio emocional, às vezes, pode se mascarar como instinto, por isso é importante ser capaz de discernir a diferença. Pesquisas apontam que nosso cérebro criará certos tipos de atalhos para que tomemos decisões rapidamente. Um deles ocorre quando avaliamos de forma rápida ou instantânea as probabilidades com base em como nos sentimos. É uma reação alimentada emocionalmente com um estímulo. Entenda como isso funciona.

Se você foi mordido por um cachorro no passado e um outro passa correndo na sua frente no parque, você pode sentir medo e decidir mudar de direção — mesmo se for um Chihuahua, que não seria capaz de causar grandes ferimentos. Por outro lado, se tivemos apenas interações felizes e positivas, poderíamos nos abaixar e receber de braços abertos, cheios de carinho, o cachorro saltitante. Nos dois exemplos, estamos associando experiências emocionais do passado (tanto negativas quanto positivas) com pessoas, lugares ou coisas, às circunstâncias atuais. Podemos presumir que seja instinto, mas é preciso que nos questionemos para saber se é, de fato, apenas uma reação emocional, e determinar se há alguma evidência que apoie esse sentimento.

Agora, cães são uma coisa, mas, se estamos fazendo julgamentos sobre nós mesmos, outras pessoas ou situações específicas com base puramente em experiencias emocionais passadas, *é aí* que podemos ter problemas e tomar decisões diferentes das que seriam tomadas pelo Melhor de Si Mesmo. Só porque tivemos um rompimento amoroso complicado e foi uma experiência emocional difícil, não significa que uma pessoa nova que conhecemos também partirá nossos corações. Esse é um exemplo de como poderíamos nos limitar e perder oportunidades. A pessoa com quem nos relacionamos no passado e aquela que estamos namorando atualmente não são as mesmas, e não é justo julgar uma com base na experiência que tivemos com a outra.

Temos que trabalhar para "desfazer" quaisquer atalhos imprecisos, orientados emocionalmente, que podemos ter formado no cérebro no esforço de nos proteger, para não começar involuntariamente a limitar nossa capacidade de criar uma vida melhor.

DECISÕES INDUZIDAS POR ARREPENDIMENTOS

O arrependimento pode ser um inimigo terrível quando se trata de uma boa tomada de decisão. Teóricos da decisão conduziram uma pesquisa relevante sobre o papel do arrependimento em nossas escolhas e descobriram que ele pode, de fato, ser um motivador poderoso. Sentir arrependimento significa passar por tristeza ou desapontamento com relação a alguma coisa, principalmente uma oportunidade perdida. A maioria de nós pode facilmente lembrar de situações nas quais uma má decisão levou a um arrependimento doloroso, e por isso é muito comum tomar a decisão que acreditamos que tenha a *menor* chance de nos causar arrependimento. Mas essa não é sempre a melhor decisão para nós, porque não leva em conta todas as evidências atuais disponíveis.

A teoria da justificativa da decisão diz que são dois os componentes do arrependimento no que se refere à nossa tomada de decisão. Um é comparativo; isso é, comparamos um resultado em potencial com um outro e depois decidimos baseados no que nos arrependeremos menos. O segundo é o quanto nos culparemos por uma escolha ruim. Tudo se resume a saber se vamos nos julgar duramente mais tarde por tomarmos o que entendemos ser uma decisão ruim.

Se tomamos decisões baseadas em arrependimentos de decisões passadas, estamos vivendo no passado. E, se tomamos decisões baseadas no medo de arrependimento futuro, não abraçaremos a oportunidade em potencial diante de nós. Para evitar sentimentos de arrependimento, podemos tomar decisões bem elaboradas e fundamentadas de agora em diante. A dor no passado pode ser uma ferramenta útil para criarmos uma vida melhor para nós.

VOCÊ CONFIA NO RACIOCÍNIO EMOCIONAL? OU NO RACIOCÍNIO BASEADO EM EVIDÊNCIAS?

Agora, vamos ver como essas duas FORÇAS podem estar atuando em sua vida. A seguir, uma recapitulação das duas e a forma como se diferenciam uma da outra:

Raciocínio Emocional:
- Acreditar que nossos sentimentos são fatos.
- Tomar decisões baseadas em como nos sentimos.
- Não nos forçar a sermos melhores, porque nem sempre nos sentimos bem com isso.

Raciocínio Baseado em Evidências:
- Chegar à verdade da questão.
- Tomar decisões baseadas em evidências e não em sentimentos.
- Forçar-nos a sair da zona de conforto para desenvolver novas competências.

EXERCÍCIO

Na tabela a seguir, você verá alguns exemplos do mundo real de como a FORÇA negativa do raciocínio emocional pode funcionar e como, por outro lado, podemos escolher usar a FORÇA positiva do raciocínio baseado em evidências.

RACIOCÍNIO EMOCIONAL	RACIOCÍNIO BASEADO EM EVIDÊNCIAS
Não gosto de apresentar minhas ideias, por isso ficarei em silêncio no trabalho.	Quando tinha que apresentar alguma coisa, recebia um retorno positivo.
Estou bravo com minha ex, por isso nem vou tentar a custódia compartilhada.	Crianças de pais divorciados enfrentam melhor a situação quando os pais se unem para criá-las.
Gosto da sensação de ter um companheiro bonito, por isso não saio com pessoas que os outros não achem sexy.	A aparência não tem papel importante na felicidade duradoura de um relacionamento.

232 DECISÃO PODEROSA

Agora é a sua vez. Vamos colocar isso no contexto de sua tomada de decisão. Quando se trata de decisões que poderiam levá-lo a ter uma vida melhor, de que formas você foi impulsionado pela FORÇA negativa do raciocínio emocional? Escreva-as na coluna à esquerda. Depois pense na FORÇA positiva do raciocínio baseado em evidências. Quando você olha para as evidências em vez da emoção, qual é a nova forma de pensar sobre aquela decisão?

RACIOCÍNIO EMOCIONAL	RACIOCÍNIO BASEADO EM EVIDÊNCIAS

RACIOCÍNIO EMOCIONAL OU RACIOCÍNIO BASEADO EM EVIDÊNCIAS 233

Vamos voltar a nossa atenção para uma área de sua vida que queira melhorar. Lembre-se, isso pode mudar e evoluir de uma forma regular — se essa não for a mesma área em que estava trabalhando ontem, tudo bem! A vida é imprevisível e precisamos priorizar certos aspectos sobre outros, com base no que é do nosso próprio interesse. O Melhor de Si Mesmo quer você seguro e mentalmente estável para ter relacionamentos significativos com os outros e viver uma vida plena orientada por propósitos. Se, por exemplo, estiver passando por estresse ou ansiedade na área financeira e isso está afetando sua habilidade para manter tudo em ordem, então é muito provável que essa seja a área mais urgente para se concentrar. Ou, caso sua vida esteja criticamente impactada por sua saúde mental, essa então deve ser sua maior prioridade.

Qual área de sua vida está causando ansiedade, estresse ou aparenta estar simplesmente estranha?

_____

_____

_____

_____

_____

234 DECISÃO PODEROSA

Quais emoções você está sentindo nessas áreas? Escreva abaixo suas respostas:

Qual evidência você tem que apoia seus sentimentos nessas áreas?

RACIOCÍNIO EMOCIONAL OU RACIOCÍNIO BASEADO EM EVIDÊNCIAS   235

Qual evidência você tem que **NÃO** apoia esses sentimentos?

_____

_____

_____

_____

_____

Observando as evidências em geral, qual decisão você pode tomar que não seja orientada pela emoção?

_____

_____

_____

_____

_____

Como se sente agora que está pensando sobre a situação de uma forma diferente?

_____

_____

_____

_____

Chegamos ao fim dos capítulos das FORÇAS. Conforme seguirmos em frente, que a FORÇA voltada para a oportunidade esteja com você agora e sempre! Você pode retornar a qualquer um dos capítulos toda vez que a vida lhe der um golpe inesperado, e pode escolher se apoiar na FORÇA para ajudá-lo a tomar decisões vindas do Melhor de Si Mesmo.

A SEGUIR...
ESCOLHENDO SUA EQUIPE

No próximo capítulo, você vai assumir o papel de capitão da equipe de sua própria vida. Ao tomar sua Decisão Poderosa para uma vida melhor, você precisa ter uma equipe na qual possa confiar totalmente, e cujos conselhos e opiniões o ajudarão nas tomadas de decisão. Para isso, analisaremos de perto quem faz parte dela, e quais papéis podem estar em aberto. Vamos montar um time forte juntos!

PARTE 3

CRIANDO UMA VIDA MELHOR

10

SUA EQUIPE DE TOMADA DE DECISÃO

Qualquer pessoa muito bem-sucedida em determinada área da vida lhe dirá que foram pessoas próximas a ela que tornaram tudo possível. Quer estejamos falando de um empresário, líder religioso, funcionário do governo, um dos pais ou alguém de alguma outra fase da vida, eles lhe dirão que chegaram aonde estão graças à equipe em torno deles. Ninguém chega lá sozinho, e qualquer um que pense o contrário está dando muito crédito a si mesmo. Por exemplo, não estou escrevendo este livro isoladamente; há um exército de pessoas junto a qualquer autor, do início ao fim do processo. Você mesmo faz parte, como alguém que está lendo e usando informações de sua própria vida.

Mesmo se um colega de equipe não estiver ajudando ativamente para que você tome uma decisão específica, ele pode ainda ser essencial para sua capacidade de fazer com que suas decisões venham de um lugar autêntico. Eles podem apoiá-lo emocionalmente em alguma coisa, ou ajudar a alinhar você e sua espiritualidade, e, ao fazer isso, lhe dão condições de ajustar-se emocional e mentalmente para tomar decisões. Sua equipe pode ser extremamente útil, mas especialmente se você souber o que deseja. E, se você está infeliz com uma área da vida, mas ainda não tem certeza do que quer fazer para melhorá-la, o time pode ajudá-lo a mudar da mentalidade de obstáculo para a da oportunidade. Se estiver preso no círculo de FORÇAS negativas, uma equipe pode ajudá-lo a voltar aos trilhos

Já se passaram muitos anos desde que tomei uma decisão sobre alguma coisa da minha vida sem consultar os membros fundamentais da equipe. Sei quais são minhas habilidades e limitações, por isso estou sempre criando times que possam trazer perspectivas únicas sobre qualquer decisão. E estou animado para compartilhar com você a fórmula para montar sua própria equipe de Tomada de Decisão.

No livro *O Melhor de Mim*, também discutimos a equipe geral. Você verá que muitos dos amigos que escolheu naquele contexto podem ser utilizados aqui também, mas há uma diferença fundamental. Agora, precisamos pensar em como montar um time que seja ideal para ajudá-lo a tomar decisões autênticas — que o ajudará a agir — e que o apoiará, não importa o resultado. E, por convocar diferentes pessoas para tipos de decisão distintos, queremos ter certeza de que investirá seu tempo identificando e analisando seus colegas de equipe, assim você sabe quem chamará (e quem evitará) em uma determinada circunstância. Não podemos ser especialistas em tudo. Você não chamaria seu mecânico para conferir seu imposto de renda, e não chamaria um mentor de carreira para conversar sobre suas decisões como pai. Vamos nos certificar de que você saiba quem especificamente abordar quando estiver formulando essas decisões fundamentais em sua vida. Ao se certificar de ter uma equipe para todas as decisões que precisar tomar, em vez de esperar até que seja urgente, você estará mais apto a aproveitar a sabedoria e o conhecimento dela quando surgir a ocasião.

Uma das mais importantes características de uma equipe é que seus membros sabem quem você é de verdade, e poderão ajudá-lo a tomar decisões autênticas. Como você sabe, tomar decisões com o Melhor de Si Mesmo supera a noção de tomar a "melhor decisão", e a mesma lógica se aplica a seus colegas de equipe — quem você é e quem eles são realmente importa mais do que o tipo de conselho que dão, suas experiências ou especialidades. Haverá sempre uma ampla diversidade de opiniões sobre a melhor maneira de realizar alguma coisa. Por isso é mais importante encontrar quem é a melhor pessoa para você, com base em quem elas são. Por exemplo, nem sempre serei o life coach certo para todos. Isso, na verdade, é uma coisa boa! Ninguém é a pessoa certa para todos. A questão é: com quem posso ser eu mesmo?

Para lhe dar uma ideia dos tipos de indivíduos que você pode querer em sua própria equipe de Tomada de Decisão, compartilharei com você a história de um amigo meu. Eu o chamo quando estou em um dia difícil, quando preciso de um pouco de motivação, ou quando estou tomando uma decisão em minha vida e preciso de alguém para me ajudar a ficar no Melhor de Mim. Seu nome é Deacon. Recentemente, estava a poucos minutos de me apresentar diante do maior público que tive até hoje — 3 mil pessoas. Já havia feito minha oração e mantra ritual de sempre, mas ainda sentia que precisava falar com alguém. Sinto-me melhor espiritualmente quando me aproximo de pessoas que sei que sentem orgulho de mim, aconteça o que acontecer, e que me encorajam. Sabia que precisava falar com Deacon.

Quando ouvi a voz dele do outro lado da linha, sabia que tinha feito a ligação certa. Embora soubesse que poderia fazer a apresentação, ouvir ele dizer "claro que consegue fazer" foi o que me deu a injeção de confiança que precisava para me acomodar no Melhor de Mim Mesmo e desapegar do resultado. Deacon faz parte da espinha dorsal da minha equipe de Decisão Poderosa. E me sinto totalmente seguro; ele me fortalece e me ajuda a lembrar quem sou. Tudo se resume ao alinhamento, e ele me ajuda a ficar alinhado com minha espiritualidade.

A própria história de vida de Deacon é muito inspiradora e sempre me lembra que não importa o que está acontecendo, *podemos* seguir adiante. Todos nós passamos por batalhas na vida; todos já passamos por tormentas de tempos em tempos. Acho que ouvir como outras pessoas sobreviveram, e até saíram mais fortes da situação, pode mexer com nosso espírito e despertar nossas mentes para nosso próprio potencial. Quando nos sentimos paralisados pela vida, podemos nos lembrar que alguém, em algum lugar, passou por algo pior e ficou melhor com isso. Para esse fim, pedi a Deacon que me contasse sua história com suas próprias palavras, a fim de que eu pudesse compartilhá-la com você. Espero que isso lhe sirva de inspiração tanto quanto foi para mim.

A HISTÓRIA DE DEACON

Deacon vem de uma família menos favorecida. Seus pais faziam parte de um culto religioso quando ele nasceu; ele tinha outros três irmãos mais velhos, que foram criados dentro do culto. Pouco depois que ele nasceu, sua mãe deixou o culto e o pai dele, e foi embora com os filhos. A mãe lutava contra o vício em drogas e depressão, e não trabalhava; eles moravam em um abrigo para mulheres e crianças em situação de rua.

Eles viveram assim até Deacon entrar no ensino fundamental. Então, quando ele tinha apenas 10 anos de idade, um amigo seu foi baleado. A mãe sabia que isso facilmente poderia ter acontecido com ele ou qualquer uma de suas crianças, e assim considerou o que houve como um sinal. Ela acreditava que eles precisavam sair dali. Por isso eles arrumaram suas coisas, carregaram sua caminhonete e partiram. Ela contou a eles que iriam acampar. Eles dormiam em barracas, mas Deacon se lembra que comida não faltava. Embora ele não tivesse ideia na época, a verdade era que eles não tinham onde morar.

Por fim, sua mãe encontrou outro lugar para morarem, mas foi na época em que ele começou a se meter em problemas. Ele estava, basicamente, trilhando o mesmo caminho que a mãe e os irmãos mais velhos — usando drogas. Ele acha que começou com cerca de 12 anos de idade. Fumou maconha pela primeira vez na sexta série, quando muitas crianças da escola faziam o mesmo. Por ser pobre e desfavorecida, a pessoa tende a encontrar aceitação entre outras crianças viciadas. Ele andava com todos os grupos errados.

Quando Deacon tinha apenas 14 anos, foi enviado para uma casa de detenção de adolescentes. Eles ligaram para o pai dele e o avisaram que ou ele buscava o filho ou Deacon entraria no sistema de adoção. Ele o levou. Seu pai era financeiramente estável e tinha uma boa casa, mas nessa época Deacon sabia que era gay, e o pai, que era religioso, não aceitava a homossexualidade. Morar com ele era difícil não só por essa razão, mas porque Deacon foi afastado de tudo o que conhecia e colocado em uma vida completamente nova, em um ambiente ao qual não estava acostumado. Para lidar com isso, ele começou a se drogar ainda mais.

Aos 18 anos, Deacon estava vendendo ecstasy e LSD para sobreviver. Foi então que percebeu que começou a perder todos os seus amigos devido ao vício. Ninguém queria sair com ele, porque vivia drogado. Então começou a usar metanfetaminas para não sentir a dor da solidão.

Não demorou muito para Deacon atingir o fundo do poço. Ele ficava nas casas de amigos, pulando de uma para a outra, e pensava em se suicidar. Tentou fazê-lo algumas vezes, e até foi internado por overdose em duas ocasiões. Um dia, caminhou até o fundo de um cânion. Não tinha nada planejado, estava andando a esmo. Mas, porque havia usado metanfetamina quando caminhava até o fundo do cânion, ele apagou e dormiu.

Quando acordou, chovia forte. Ele estava no meio do nada, encharcado e passando muito frio. Além disso, havia sangue por toda parte. Deitado ali, pensou consigo mesmo: o que aconteceu? Ele costumava ser uma pessoa que todos queriam ficar perto, todos o achavam muito legal por causa de sua rebeldia. Mas perdeu tudo isso quando se tornou um viciado, e agora estava sozinho.

Foi deitado ali, no fundo daquele cânion, que veio o momento de finalmente dizer "chega" às drogas. Ele estremecia só de pensar em se drogar de novo. Sabia que tinha de ficar limpo e sóbrio

Ele começou a lavar louça em restaurantes e depois decidiu fazer uma faculdade. Inscreveu-se em quaisquer programas disponíveis, inclusive para ajuda financeira (que ele não conseguiu), mas acabou conseguindo emprego em um hospital e juntou uma boa quantia de dinheiro pela primeira vez. Seu objetivo era se tornar paramédico. Sua mãe tinha morrido de câncer quando ele tinha 23 anos, e foram os cuidados no fim da vida dela que fizeram com que ele quisesse trabalhar na área médica. Ele entrou em um programa e tornou-se auxiliar de enfermeiro.

A essa altura, Deacon estava indo bem. Ele conseguiu juntar os cacos, como ele diz, tinha um ótimo emprego, estava matriculado na faculdade, e convivia com um pessoal maravilhoso. Mas ele estava saindo com alguém que usava drogas. Envolver-se com esse rapaz fez Deacon ter uma recaída. Não demorou para que perdesse o emprego.

Ele sabia que tinha duas escolhas. Não queria voltar para o fundo do poço. Sabia que podia parar antes de ir longe demais, e foi o que fez. Ele havia visto os dois lados; tinha percorrido a estrada da solidão, os incontáveis e vazios dias da dependência de drogas. E Deacon sabia como era receber elogios de pessoas que o viram sair-se tão bem, e tinha experimentado a aprovação de poder conseguir um emprego e estar perto de médicos e enfermeiros no hospital, passando por tantas coisas com eles. Pensar dessa forma o ajudou a dizer: "Preciso começar de novo. Eu me senti melhor ficando sóbrio e trabalhando do que quando usava drogas."

Era uma escolha fácil. Ele terminou o relacionamento e ficou limpo de novo.

Hoje Deacon tem uma carreira totalmente diferente, mas a ama. Ele viaja o mundo inteiro. Quando pensa como conseguiu chegar nesse ponto, ele diz que aprendeu com outras pessoas. Olhou para os bons hábitos e boas decisões delas, e deixou que lhe servissem de modelo e o inspirassem a melhorar a si mesmo e fazer algo melhor. Todas elas têm papel especial no sucesso de Deacon. E não estamos falando de estrelas de cinema ou pessoas ricas, e sim de gente normal. Deacon tem amigos enfermeiros e amigos barmen incríveis, e ele adotou essa gentileza em sua própria vida. Eles foram a inspiração para fazê-lo ser o que é hoje.

Apesar dos problemas que teve com o pai quando estava crescendo, Deacon diz que nos últimos anos seu pai lhe falou que estava extremamente orgulhoso dele. Ele acha que o pai chegou à conclusão de que poderia deixar tudo para lá e fazer parte da vida dele, ou não. E ele superou o passado e ambos conseguiram conversar de novo e se envolver um na vida do outro. Deacon é grato por isso, porque seu pai faleceu ano passado.

Ele sabia que não havia nada de positivo em ficar preso a sentimentos negativos e que de nada adiantaria agarrar-se ao ódio ou ao ressentimento por seu pai não estar com ele da forma como precisava. Deacon tinha conquistado sua independência, encontrado seu caminho, e não via razão alguma para não falar com seu pai. Agora, está em paz sobre o relacionamento com ele.

Deacon me disse: "O mundo é um lugar estranho e as pessoas passam por muitas batalhas na vida. Houve um tempo em que eu não tentava, e agora tudo passa por encontrar a paz, o conforto e aproveitar o que você tem." Ele diz que gostou de ter sua família em sua vida e que, na verdade, se tornou o membro mais bem-sucedido dela. Começando literalmente do nada, ele percorreu um longo caminho. Inclusive, acabou de comprar uma casa. Tendo sido uma criança em situação de rua, disse que comprar uma casa foi extremamente significativo para ele. Ele não é rico, mas certamente partilha com a família o que pode. E é isso que o faz realmente se sentir bem. Ele descobriu que a felicidade das outras pessoas é a felicidade dele.

Deacon teve um momento de clareza, que acredito ser o que acontece quando Deus intervém e percebemos que merecemos uma vida melhor. Adoro a história dele, porque trata-se de desafiar as probabilidades. O fato de ele ter ganhos de seis dígitos hoje, vindo de circunstâncias tão terríveis da infância, é muito inspirador. Quero dizer, sua mãe era emocionalmente desequilibrada e viciada em drogas; o pai não o aceitava por quem ele era... por que ele *iria querer* viver? Ele não teve nenhuma chance na vida. Estava sozinho no mundo; ninguém deu a ele as ferramentas verdadeiras para viver uma boa vida. Seu futuro era sombrio. No entanto, após aquele momento de clareza, quando estava literalmente estendido no chão, ele escolheu erguer-se.

Deacon tem a capacidade única de ver o bem nos outros e imitar isso. Ele encara a vida de um modo tão tranquilo que, por isso, é sempre o amigo com quem converso quando estou com a cabeça a mil. Com apenas algumas palavras ou uma pergunta certeira, ele pode acalmar minha mente. Ele é um membro essencial do meu time, alguém que consulto com frequência quando estou tomando uma decisão, seja sobre a carreira, a vida, as batalhas internas que luto, ou até mesmo aspectos da minha vida que coloquei no livro. Todos nós precisamos de pessoas como Deacon, que consegue falar com nossa alma e, gentilmente, nos lembrar do profundo poder do espírito humano.

CRIANDO SUA EQUIPE DE TOMADA DE DECISÃO

Com que frequência realmente tiramos algum tempo para escrever os nomes dos membros da equipe da nossa vida? É um exercício muito importante, mas raramente temos tempo para fazê-lo. A verdade é que a maioria de nós já tem pessoas incríveis em nossa vida, em quem podemos nos apoiar, com quem podemos contar nas diversas oportunidades que surgem e quando estamos tomando decisões. Principalmente nas ocasiões em que decidimos algo em prol de uma vida melhor, precisamos ter certeza de que temos um time sólido por trás. Se for a hora de montar uma equipe melhor, o primeiro passo é avaliar a atual.

Antes de relacionar sua equipe atual, vamos conversar sobre alguns papéis que as pessoas precisam desempenhar em seu time de Tomada de Decisão. Isso pode ajudá-lo a criar uma lista de colegas de equipe mais específica e abrangente. Alguns papéis podem se ajustar, outros talvez não, e outros ainda podem ajudá-lo a pensar em alguém que você gostaria de adicionar à sua equipe de Tomada de Decisão. Por exemplo, você deve ter alguém em seu universo que seja um ouvinte muito bom. Ele escuta atentamente, conhece você muito bem e está disposto a chamar sua atenção quando achar que está se desvalorizando ou perdendo uma oportunidade. Você deve ter alguém que seja uma inspiração para você e a quem admira como um guia espiritual. Ou pode ter um amigo que seja um intermediário; ele parece conhecer uma infinidade de gente e adora unir as pessoas para criar novas ideias.

Veja uma lista de papéis que pode agregar eficácia à sua equipe:

OUVINTE: como o nome já diz, é um grande ouvinte. Você pode lhe contar algo que está acontecendo em sua vida e ela pode perguntar sobre isso de novo seis semanas depois, recordando todos os detalhes compartilhados. É alguém que se importa com você e, em vez de dar opiniões, pode fazer perguntas perspicazes para ajudá-lo a descobrir crenças que você não sabia que tinha — ou mesmo ajudá-lo a sair da mentalidade confusa. Você sempre termina uma conversa com essa pessoa se sentindo mais leve e menos sobrecarregado de preocupações.

VISIONÁRIO: vê você de uma forma ainda melhor do que sua própria opinião, e pode ajudá-lo a perceber seu potencial. Ela é capaz de enxergar as oportunidades à sua frente, hoje e no futuro, e se sente sempre feliz em ajudá-lo a se dar conta das coisas incríveis que você tem condições de fazer em sua vida.

MOTIVADOR: faz com que você se empolgue e se anime a estabelecer objetivos tangíveis e claros, para depois arrasar neles. É a pessoa que pode ajudá-lo quando você sabe que precisa agir, mas ainda não o fez. Eles talvez estejam fazendo coisas grandes em suas próprias vidas, ou saibam o que dizer para animá-lo e motivá-lo.

CUIDADOR: sempre oferece o ombro para você chorar; é a pessoa a procurar quando o resultado não foi bem o que esperava. Quando você só precisa de um abraço e uma xícara de chá, ela estará ali por você. Um cuidador em sua vida pode fazer coisas como lhe enviar flores quando estiver deprimido, ou lhe trazer uma refeição caseira. Pessoas assim gostam de cuidar de você, e você sabe que é sempre bem-vindo no mundo delas.

PENSADOR DO QUADRO GERAL: alguém que o ajuda a ver o quadro geral de sua vida quando você fica preso em detalhes. Se está triste, ela pode ressaltar quantas coisas você tem para se sentir feliz. Se está concentrado nos obstáculos, ela pode ajudá-lo a pensar de forma mais criativa. Ela também o ajuda a ver como as decisões que você toma agora podem afetá-lo, para melhor ou para pior, no futuro.

ASSISTENTE: essa pessoa se apresentará para ajudá-lo a ir adiante, ou é alguém a quem pode ligar se estiver com problemas no meio da noite. Nem todas as decisões são fáceis de serem tomadas; às vezes você precisa de ajuda em logística para transpor um obstáculo. Essa pessoa não julga nem faz perguntas ou impõe restrições. Elas são confiáveis e sólidas.

SÁBIO CONSELHEIRO: tem grande sabedoria conquistada durante a vida. Talvez seja uma pessoa de uma geração mais velha e já tenha visto muitas coisas. Ela tem um jeito de simplificar qualquer problema e partilhar suas próprias experiências para ajudá-lo a orientar sua decisão. Olhando para trás, ela é capaz de ver onde as oportunidades podem surgir nos lugares mais inesperados. Essa pessoa também pode ajudá-lo a ver por meio de qualquer raciocínio emocional de visão limitada. Ela pode até mesmo ajudá-lo em sua prática espiritual.

CONECTOR: pessoa que se empolga ao conectar pessoas, fazendo seus "mundos colidirem". Quando você traz um assunto que lhe interessa, ela parece sempre conhecer várias pessoas com interesse similar, algumas das quais podem ser ótimas, mas outras nem tanto. Ela parece conhecer muita gente e tem a habilidade incrível de saber com quem você vai se dar bem ou quem pode ser útil a você. Ela pode até ajudá-lo a montar sua equipe depois.

PALHAÇO: é quem você chama quando só quer se divertir. É uma pessoa que adora rir, conhecer gente nova e apenas ser feliz, onde quer que esteja. Ela pode ajudá-lo a se soltar e descontrair, permitindo que sua mente e espírito relaxem. Ela é mais propensa a ter uma mentalidade relaxada, e pode ajudá-lo a chegar lá também.

CONSULTOR: alguém que adora compartilhar novas informações com os outros. Por isso, você pode procurá-la se precisar descobrir algo para tomar uma decisão — principalmente quando é necessário apurar fatos. É recomendável selecionar um consultor que seja um especialista na área envolvida em sua decisão. Por exemplo, se for uma decisão financeira, alguém com experiência ou histórico bem-sucedido em contabilidade ou investimentos seria um excelente consultor. Ou, se for uma decisão sobre a área da saúde, então um médico ou alguém do setor de assistência médica seria uma escolha inteligente para esse papel.

ESTUDANTE: como o nome diz, essa pessoa tem mentalidade de estudante e adora aprender com você. Esse papel é ótimo, porque lhe dá a oportunidade de compartilhar seus conhecimentos. E a curiosidade dela pode ajudar a despertar a sua. Uma coisa a tomar cuidado com esse papel é que alguns estudantes são conhecidos por trapacear, e em certos casos, nos negócios, eles podem repetir ou roubar ideias que você compartilhou com eles. Basta estar ciente desse risco.

TERAPEUTA: não no sentido literal, como ter um doutor em psicologia, mas essa é a pessoa que você pode abordar para receber algum conselho objetivo e sério. Ela pode oferecer esclarecimentos, mas tenha cuidado porque ela pode também causar confusão. O desafio de quem exerce esse papel é que ele não tem qualquer treinamento oficial. Assim, pode lhe aconselhar com base em sua própria história.

Você pode ter outros papéis em mente que pessoas da sua vida desempenham; de qualquer forma, escreva todos! Essa lista é apenas um ponto de partida para você levar em conta. Outra grande pergunta para fazer a si mesmo é: quais desses papéis você desempenha para outros em sua vida. E há algum novo papel que você gostaria de começar a desempenhar?

UMA PALAVRA SOBRE INTERESSES

A palavra "interesse" ganhou má reputação. Um de seus significados é "intenções ou motivos implícitos de uma pessoa em particular ou um grupo", mas essas intenções ou motivos não são necessariamente nefastos. Acho que, na maioria das vezes, os interesses das pessoas são positivos. Eles podem atender somente a seus objetivos. Mas só porque uma pessoa tem uma agenda egocêntrica, isso não quer dizer que ela também não possa ser útil para você.

Ao longo da vida, descobri que, quando os interesses das pessoas estão alinhados, as equipes podem fazer muito mais. Ter agenda pode ser útil quando o trabalho é colaborativo. Você só se depara com problemas quando os interesses não estão alinhados. Por exemplo, se uma mulher está tentando decidir se o atual namorado é alguém para se casar e está pedindo a opinião das pessoas, ela precisa ter cuidado ao considerar que os interesses dessas pessoas são os mesmos que os seus. Talvez a mãe dela queira desesperadamente um neto, e acha que esse cara "é tão bom quanto outro qualquer" para ajudá-la a atender a esse desejo. Ou seja, não há alinhamento, nesse caso, entre os interesses de mãe e filha. Mas talvez ela tenha uma amiga que a conhece desde a primeira série e só lhe deseja o melhor; então, as agendas de ambas estão alinhadas e o conselho da amiga é mais significativo.

Quando nos sentimos vulneráveis, como com frequência acontece quando estamos tomando uma decisão, não queremos ter que lidar com os interesses de outras pessoas. Portanto, à medida que você monta sua equipe Decisão Poderosa, esteja atento aos interesses envolvidos. Antes de lhes pedir conselhos sobre quaisquer decisões que precise tomar em sua vida, pergunte a si mesmo: "Quais podem ser os interesses dessa pessoa? Será que eles se alinham com os meus de alguma forma?"

MONTANDO SUA EQUIPE DE TOMADA DE DECISÃO

Agora que você pensou sobre os papéis específicos que deseja em sua equipe, é hora de determinar quem serão as pessoas que preencherão seu universo de tomada de decisão. Alguns desses colegas virão à sua mente facilmente. Por exemplo, se você sempre conversa com uma ou duas pessoas, talvez um cônjuge ou irmão, sobre muitas de suas decisões, então essa pessoa certamente vai para sua lista. Mas também quero que você pense em outros colegas do time de Tomada de Decisão, menos óbvios, que você pode ter. Talvez você escute podcasts de um gênero específico e, com frequência, baseie suas decisões nessas áreas com informações ou conselhos que ouviu em um deles. Talvez você siga certos influenciadores nas redes sociais que regularmente o incentivam ou apontam para uma nova direção. Se esse for o caso, certifique-se de incluir essas pessoas em sua lista também. Novamente, trata-se de identificar a equipe de Tomada de Decisão que seja autêntica para *você*, e que o ajudará a ficar no Melhor de Si Mesmo conforme toma decisões em sua vida.

Tenha em mente que essas são pessoas que lhe darão apoio não só enquanto você está tomando decisões ativamente, mas também quando vivencia os resultados. Alguns dos membros podem ajudá-lo a manter-se fiel às suas intenções nos momentos em que você questiona a si próprio. Por exemplo, talvez seja um cuidador que conversa com você naquelas ocasiões em que a solidão o faz considerar voltar atrás em um relacionamento que você havia rompido porque não era de seu maior interesse. Ou poderia ser o pensador do quadro geral lembrando-o das razões pelas quais você mudou os rumos de sua carreira para fazer algo mais significativo para você, ainda que seja difícil começar algo novo. Talvez seja um motivador que se junte a você para caminhar ou fazer um exercício físico quando você acha que não está perdendo peso, apesar de suas escolhas mais saudáveis. Quaisquer que sejam aqueles papéis para você, certifique-se de incluí-los na lista a seguir.

Monte sua equipe na tabela ao lado.

Pensando na área de sua vida que está querendo melhorar agora, vamos montar sua equipe. Se, por exemplo, você estiver concentrando sua atenção em encontrar um relacionamento saudável, pode olhar para seu universo e ver quem seria mais útil quando precisar tomar decisões sobre namoro — talvez seja um motivador ou o pensador do quadro geral. Ou, se estiver querendo mudar de emprego, talvez você precise de um conector em sua equipe de decisão, e alguém sábio e prudente porque, provavelmente, eles estiveram na mesma situação em que você está agora. Se há algum desafio financeiro urgente que precisa resolver, pode precisar de um motivador ou um assistente. O aspecto mais importante de todos esses colegas de equipe, no entanto, é que eles sabem quem você realmente é, e podem ajudá-lo a permanecer leal a essa autenticidade. Não me canso de dizer: *isso é o* que mais importa em sua equipe

Outro aspecto importante ao montar sua equipe é saber quem *não* incluir. Você pode amar muito alguém e ter um relacionamento incrível com essa pessoa, que pode até conhecê-lo muito bem. Porém, ela simplesmente não tem condições de ajudá-lo quando se trata de negócios, por exemplo. Embora ela possa achar que sabe muito sobre o assunto, o conselho dela pode não ser exatamente o melhor para sua situação. Ela tem boas intenções, mas não é útil. Você precisa ser capaz de identificar quem são essas pessoas. Na minha vida, se estou me sentindo confuso sobre uma situação, às vezes pergunto para pessoas demais em vez de sentar, meditar, ter clareza ou falar só com uma ou duas.

MINHA EQUIPE DE TOMADA DE DECISÃO EM GERAL

Se, por exemplo, você estiver decidindo voltar a estudar, a equipe que montou pode ter como membro seu contador, que vai ajudá-lo a resolver como pagar os custos da escola, ou outra pessoa no campo em que quer estudar, mas você não deveria incluir seus pais nesse caso. Eles podem não ser capazes de oferecer conselhos úteis. Ou seja, não busque ouvir pessoas que não estão capacitadas para isso em uma certa área.

Tenha também em mente que as pessoas de sua equipe de decisão podem não ser aquelas com as quais você se encontra regularmente na vida. Entre as pessoas da minha equipe, há algumas que vejo de vez em quando, e outras com quem encontro e converso o tempo todo. O mesmo se aplica a você. Algumas dessas pessoas podem estar longe, ou, como discutimos anteriormente, ser anfitriãs de shows, alguém que você nunca viu antes! Mas elas podem também estar em sua equipe, no sentido de que você pode confiar nos conhecimentos ou sabedorias delas para ajudá-lo.

Com relação a qualquer decisão que você precisa tomar para melhorar sua vida, o primeiro lugar ao qual deve olhar é para dentro de si mesmo. Na verdade, a maioria das decisões na vida não requer a participação de outras pessoas, mas, quando estamos nos sentindo indecisos, é maravilhoso já ter uma equipe na qual escolhemos pessoas que podem nos ajudar a ter a clareza de que precisamos. Mas todos nós precisamos de apoio: às vezes, para sermos nós mesmos, e em outras para agir de determinada maneira. Você pode estar lendo isso agora mesmo e pensando que não conhece pessoas o suficiente em sua vida que saibam verdadeiramente quem você é. Estamos todos nessa jornada infinita de autodescoberta, e precisamos de pessoas que nos amem por quem nós somos. A vida em comunidade nos edifica e nos ajuda a percorrer nosso caminho. É com esse objetivo de vida *comunitária que* as pessoas frequentam sessões de reabilitação, igrejas ou seminários e conferências de autoajuda.

Todo mundo precisa de uma equipe.

O COACH MIKE EM SUA EQUIPE

Quero também que você saiba que pode contar *comigo* em sua equipe de decisão. O conteúdo que crio, as entrevistas que conduzo em meu podcast — tudo é informação que você pode usar para melhorar sua vida. Adoro ouvir histórias inspiradoras e me sentir motivado pelas escolhas que outras pessoas fizeram em suas vidas; e aposto que você também. Tomo a decisão diária de colocar conteúdo positivo no mundo. À medida que você toma decisões em seu cotidiano e se torna mais consciente de sua capacidade de criar mudanças em sua vida, espero que se apoie em mim, nas informações e ideias que compartilho, para seguir em novas direções. Você pode me encontrar em qualquer uma das plataformas das redes sociais digitando @CoachMikeBayer [todos os conteúdos em inglês, inclusive os do podcast acima citado].

TER UMA EQUIPE SÓLIDA SIGNIFICA SER UM COLEGA DE EQUIPE SÓLIDO

É importante lembrar que você não é o único com uma equipe; todos temos uma, por isso é muito provável que você esteja nas de outras pessoas também. E não precisamos tentar ser tudo para todas as pessoas; em outras palavras, cada um de nós tem os próprios papéis a desempenhar. Portanto, ao pensar em ser um excelente colega de equipe para os outros, pergunte a si mesmo qual papel específico é adequado para você. O objetivo é amá-los por quem eles verdadeiramente são e ajudá-los a permanecer nesse caminho.

Quando se sentir bem com o que está trazendo a um colega de equipe, ele sentirá essa positividade. Todos ganham. É muito bom quando os outros nos veem pelo que somos, então consideremos isso como um bom lembrete para ajudar os outros em nossas vidas a se sentirem vistos pelo que realmente são.

11

AGINDO DE FORMA AUTÊNTICA

A esta altura, você já compreende a FORÇA e como ela funciona em sua vida. Com esse entendimento, espero que você tenha começado a aprimorar sua habilidade em ver quando está sendo conduzido por uma FORÇA negativa e mudar de lado, transformando-a em uma FORÇA positiva. Você compreende como sua percepção pode transformar obstáculos em oportunidades e, o mais importante, entende que não precisa seguir sozinho por esse caminho. Somos mais fortes quando temos uma equipe ajudando a nos manter alinhados. Espero que, ao ler estas páginas e completar os exercícios, você tenha se sentido fortalecido para ver o mundo e sua vida com seu autêntico eu, o Melhor de Si Mesmo. Todas essas ideias e exercícios foram elaborados para ajudá-lo a agir como o Melhor de Si Mesmo, não apenas para se concentrar em você mesmo, mas para alinhar sua vida com tudo isso.

À medida que você ler este livro, aposto que haverá ocasiões em que pensará: "Isso! Sinto-me totalmente desse jeito!" ou: "É, já fiquei preso a essa maneira de pensar!" Já experimentamos os resultados das FORÇAS negativas em nossas vidas antes. Tudo bem! Somos humanos! O importante é perceber que também nos erguemos e aproveitamos as oportunidades em vez de abdicar do controle para uma FORÇA negativa. Em outras palavras, você já fez isso antes; topou com alguma coisa que poderia ter percebido como obstáculo, mas, em vez disso, superou-o e agarrou a oportunidade.

Eu lhe darei alguns exemplos da minha própria vida:

OBSTÁCULO: tornar-me viciado em metanfetamina e acreditar que o vício sempre me controlava.

OPORTUNIDADE: perceber que outros já tinham ficado sóbrios antes, então eu também conseguiria.

DECISÃO PODEROSA: avisar a meus pais; começar um tratamento.

RESULTADO: fiquei sóbrio e, hoje, tenho 18 anos de sobriedade.

BÔNUS: tornei-me conselheiro e, posteriormente, fundei os Centros CAST, um local de tratamento com duplo diagnóstico.

OBSTÁCULO: precisei passar por uma cirurgia de substituição de disco no pescoço.

OPORTUNIDADE: fui convidado ao programa *Dr. Phil* três dias após a cirurgia.

DECISÃO PODEROSA: decidi ir. Claro, podia ter escolhido ficar sentado em casa e ver Netflix compulsivamente. Ou colocar uma blusa com gola alta para cobrir os curativos e me forçar a inspirar e ajudar os outros junto com o *Dr. Phil*. De qualquer forma, ficaria sentado, fosse no palco ou em casa. Meu médico disse que tudo bem, desde que não me movesse muito. Acabei indo, e pude me valer disso como oportunidade de ir à televisão e sentir orgulho de mim mesmo.

RESULTADO: foi um episódio ótimo. Espero que tenha sido a última vez que usei blusa com gola alta na TV!

BÔNUS: perceber que sou mais resiliente fisicamente do que pensava.

OBSTÁCULO: ofereceram-me um contrato para escrever um livro, o que é incrível. Porém, nunca fui bem na escola, sou disléxico e tenho TDAH, por isso nem podia imaginar como realmente expressar todas as minhas ideias e meus conceitos em forma de livro. Na verdade, isso era meu pior pesadelo.

OPORTUNIDADE: veja o que disse antes! O que aparecia como obstáculo à primeira vista na verdade era uma oportunidade gigante. Outros acreditaram em mim incondicionalmente e, por fim, percebi que tinha algo a dizer.

DECISÃO PODEROSA: e realmente tinha; escrevi *O Melhor de Mim*, embora tenha demorado mais tempo do que outros autores para fazê-lo. Mas quem se importa com isso!

RESULTADO: tornei-me um autor best-seller do *New York Times*. Depois, escrevi um livro de exercícios. E este que você está lendo é o terceiro! Nossa! Três livros em menos de dois anos.

OBSTÁCULO: tive pais divorciados, irmãos que tinham comportamentos compulsivos e autodestrutivos, e cresci em um ambiente emocionalmente desafiador.

OPORTUNIDADE: aprender de que modo trabalhar todos esses desafios da minha juventude poderia me dar uma vida melhor, não definida por dificuldades.

DECISÃO PODEROSA: fazer terapia; trabalhar minhas experiências passadas para me tornar melhor, para mim mesmo e para ajudar os outros.

RESULTADO: cura, crescimento pessoal, compaixão pelos outros.

BÔNUS: sou uma pessoa melhor e mais compreensiva agora, por causa dos desafios que enfrentei.

DECISÃO PODEROSA

Agora, quero que escreva pelo menos três exemplos de experiências ou situações que você pode ter percebido como obstáculos, mas que transformou em oportunidades. Depois, como fiz em meus exemplos, escrever a Decisão Poderosa que tomou, o resultado e qualquer bônus que recebeu do que possa ter vivenciado.

OBSTÁCULO:	
OPORTUNIDADE:	
DECISÃO PODEROSA:	
RESULTADO:	
BÔNUS:	

OBSTÁCULO:	
OPORTUNIDADE:	
DECISÃO PODEROSA:	
RESULTADO:	
BÔNUS:	

OBSTÁCULO:	
OPORTUNIDADE	
DECISÃO PODEROSA:	
RESULTADO:	
BÔNUS:	

Como você já superou muitos dos seus obstáculos ou circunstâncias, acaba sabendo, em primeira mão, que é capaz. Haveria alguma forma de ter previsto os resultados que colocou na lista? Nunca, certo? É nisso que gostaria que você se concentrasse neste capítulo. Resultados estão fora do nosso controle, e nunca sabemos o que esperar. De fato, na maior parte do tempo, quando olhamos para trás, em direção aos resultados, somos capazes de identificar um "bônus" que é muito mais maravilhoso do que poderíamos imaginar ou prever. Quem diria que ter um transtorno de aprendizagem e TDAH me faria mais acessível para outras pessoas cujo crescimento se deu em meio a grandes dificuldades? Não tinha como saber que jogar basquetebol quando criança teria como resultado desenvolver em mim uma tendência natural de ficar saudável e ativo por toda a vida; esse é um bônus não previsível. Use o potencial de resultados de bônus como inspiração para continuar seu compromisso de ver a vida como oportunidade e tomar sua Decisão Poderosa como o Melhor de Si Mesmo.

O universo não está tentando derrotá-lo.

Muito pelo contrário! O universo quer vê-lo vencer, como você acabou de provar para si mesmo. Lembre-se: não se trata do universo lhe dar o que você quer agora, porque há momentos nos quais o que realmente queremos pode não ser o de nosso melhor interesse. Podemos pensar que realmente queremos um trabalho em particular por uma série de razões, mas na verdade há um outro melhor, que estará disponível em algumas semanas, e que provavelmente não tínhamos como saber. Talvez não possamos ver as razões pelas quais não conseguimos esse emprego, mas é preciso confiar que o universo sabe o que é melhor. E, ao sermos nós mesmos em vez de tentar forçar um resultado, tiramos nosso foco do que achamos que queremos no momento e abandonamos o controle, nos abrindo para possibilidades inimagináveis. O importante é que estamos agindo com autenticidade. Ainda que o resultado não seja exatamente o que imaginamos, é provável que haja algo ainda mais incrível guardado para nós. Esse é o universo em ação.

DECISÕES PARA SUA VIDA MELHOR

Se você já está cansado de ficar cansado, acha que precisa fazer alguma coisa para se proteger, para melhorar sua vida, ou para criar mais amor e paz nela — isso sempre começa com sua Decisão Poderosa para agir como o Melhor de Si Mesmo. Quando saímos do alinhamento, com frequência isso acontece porque não estamos seguindo nossa verdade, coração ou destino. Mas, agora que está tomando decisões como o Melhor de Si Mesmo, pode ter certeza de que seus próximos passos estarão alinhados à sua autenticidade.

Agora você precisa se perguntar: em que área você quer realmente tomar uma decisão, ou decisões? Desde que começou a ler este livro, seus pensamentos sobre isso podem ter mudado. Talvez porque sua percepção tenha mudado, ou, quem sabe, porque a vida evoluiu e agora há um novo conjunto de decisões a tomar.

Quero que você crie uma lista de decisões que pode tomar em sua vida que sabe serem do seu melhor interesse. Elas podem significar que um certo relacionamento precisa terminar, ou que uma nova jornada está começando. Mas, se você tomar cinco decisões autênticas que melhorariam sua vida agora mesmo, começará a vivenciar mudanças significativas.

Como já discutimos, tomamos decisões o dia todo, mas com que frequência sentamos e fazemos isso com o devido cuidado? Quase sempre estamos administrando nossas vidas em vez de pararmos um pouco e tomarmos decisões que nos levariam a uma vida melhor. Esta é uma oportunidade para abandonar decisões que, na verdade, são uma forma de reação, e assim deixar de tomar decisões que não vêm de nosso poder e autenticidade. É por isso que acredito que você estará em uma condição diferente se começar agora mesmo a tomar decisões que tenham um propósito.

Escreva até cinco decisões que você pode tomar agora para criar uma mudança positiva em sua vida.

MINHAS DECISÕES

1. _____

_____

2. _____

_____

3. _____

_____

4. _____

_____

5. _____

_____

Por todo este livro, nos concentramos em como pensar de forma diferente. Você já se familiarizou com as FORÇAS em sua cabeça, e está com o pensamento voltado às oportunidades em vez de obstáculos. Agora chegou a hora de *agir* de forma diferente.

Aquilo que o estava atrapalhando, seja lá o que fosse, já não está mais em seu caminho. Você agora tem as ferramentas para limpar os destroços do seu passado, para ver oportunidade em tudo — então, o que está esperando? É sua vez de caminhar com fé e ver o que acontece. Diga bem alto: "É a minha vez!" Diga de novo. "É a *minha* vez!" Digamos que você deu aquele telefonema e foi rejeitado. Lembre-se, rejeição é uma proteção de Deus, e significa uma nova oportunidade chegando. Mas você nunca saberá se não der o primeiro passo. Você quer comprar uma casa, mas está com muito medo de assumir esse risco? Comece a ver o mercado *hoje*. Ninguém disse que você tem de puxar o gatilho, mas ao menos dê início ao processo. O que quero dizer é: não perca tempo.

Dê o primeiro passo.

Neste capítulo, vou lhe dar métodos para colocar suas decisões imediatamente em ação. E por baixo disso tudo está uma importante realidade: a vida é tão inconstante que aquilo pelo qual estamos lutando contra hoje pode muito bem mudar amanhã. Talvez veremos uma oportunidade amanhã que não conseguimos hoje; e por isso precisaremos direcionar nossas ações adequadamente. Essa é a razão pela qual não tenho nenhuma predileção pelo termo tradicional "estabelecimento de metas": isso pode ser muito rígido na medida em que, ao nos concentramos em um objetivo específico, corremos o risco de perder objetivos maiores e melhores. Por isso, quero que você tenha essas ferramentas para tomar decisões para melhorar sua vida, mas sempre de olhos e coração abertos a novas resoluções que queira tomar ao longo do caminho.

Você decidiu ter uma vida melhor, então *vamos* lá.

IDENTIFIQUE O QUE NÃO ESTÁ FUNCIONANDO

Agora que você entendeu o *porquê* de suas tomadas de decisão, é hora de entrar no modo de ação. Como life coach, eu me concentrei no comportamento, pois criar mudanças na vida requer primeiro tomar uma decisão, e depois *nos comportar* de forma a ter sucesso. Mas, às vezes, principalmente se estivermos fazendo as mesmas coisas por muito tempo, é difícil saber exatamente o que é preciso fazer de diferente a fim de dar vida à nossa Decisão Poderosa. Por isso, gosto de começar identificando o comportamento que *não* funciona para nós.

Um exemplo simples a considerar é este: digamos que você esteja infeliz com seu peso e queira emagrecer. Pesquisaríamos seu comportamento atual, que pode ser a razão de você se manter acima do peso. Gosto de escrever isso como um ciclo, porque um comportamento tende a levar a outro, e a outro, e eles o mantêm preso no mesmo círculo, apenas dando voltas e mais voltas. Veja a seguir uma forma de visualizar isso:

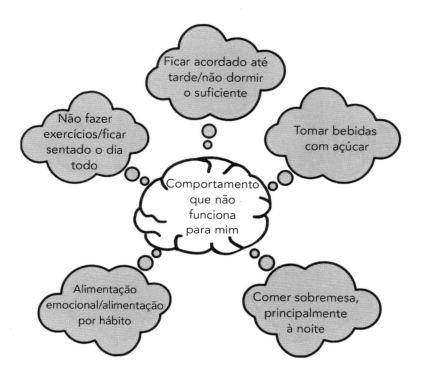

O ciclo pode ser quebrado identificando o comportamento que está impedindo que você mude — nesse caso, que o impede de perder peso. Saber o que *não* está funcionando é o primeiro passo para identificar e descontinuar as rotinas inapropriadas.

Quero que olhe agora para a lista de suas próprias decisões no último exercício e reflita sobre o que não está funcionando no modo como você está abordando essa parte da sua vida. Tenho certeza de que alguns dos itens da lista não são decisões novas que tomará, então vamos identificar o que você fez no passado que não funcionou. Escreva uma lista de comportamentos que mantêm você "preso" na área da vida que quer mudar, ou que está impedindo você de ser capaz de mexer no que quer. Quais são algumas coisas que você tem feito que perpetuam a área problemática de sua vida?

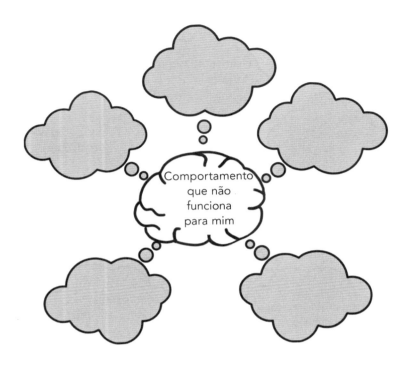

Agora que você pode ver os comportamentos que não estão dando bons frutos, já sabe quais deles precisa *parar* de ter para agir de forma a tomar decisões que melhorem sua vida. Escrever tudo em vez de só pensar no assunto é muito útil. Quando somos confrontados com comportamentos nossos que são prejudiciais à nossa vida, é muito mais fácil ver o que precisamos mudar em nossas decisões diárias para ir ao encontro de nosso novo objetivo.

IDENTIFICANDO NOVOS COMPORTAMENTOS A ADOTAR

Sempre que *interrompemos* comportamentos específicos que têm nos impedido de promover uma mudança positiva, é muito útil substituí-los por comportamentos que nos *ajudarão* a seguir em frente. Nós nunca, de fato, "quebramos" um hábito; simplesmente o substituímos por um novo. Portanto, essa é nossa chance de abandonar os maus hábitos ou escolhas, substituindo-os pelos que atendem ao nosso maior interesse.

Veja, sua Decisão Poderosa resulta da combinação de decisões cujo propósito é o mesmo. Elas representam as ações que você precisa tomar, ou o comportamento que precisa adotar, para levá-lo aonde quer ir em sua vida.

Por exemplo, se queremos melhorar nossa vida social e criar mais amizades significativas, talvez seja mais produtivo deixar de encontrar pessoas em bares e ir a lugares frequentados por pessoas com interesses similares, como um grupo de corrida ou uma aula de arte. O comportamento que precisamos "iniciar" pode ser o de participar em atividades comunitárias como essas.

No exemplo da perda de peso, talvez seja necessário começar a preparar refeições com antecedência, assim não precisaremos decidir o que comer quando estamos famintos — que é quando acabamos querendo um hambúrguer bem gordurento. E talvez, desde que paramos de comer bobagens fora de hora por hábito, sempre temos agora uma garrafa de água em mãos, só para dar um golinho em vez de comer. Outro comportamento que ajudaria no objetivo da perda de peso seria escolher uma rotina de exercícios realista.

Agora é a sua vez. Que comportamentos você precisa começar a implementar em sua nova vida para apoiar sua Decisão Poderosa?

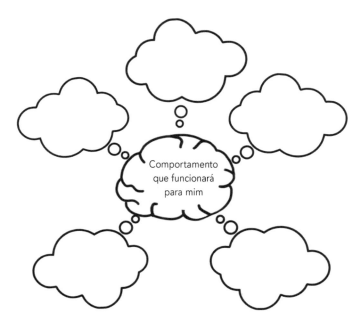

Uma vez que começamos a implementar comportamentos em nossas vidas que nos ajudam em vez de atrapalhar, ocorre algo muito interessante. Eles dão um impulso natural. Quanto mais você vê a si mesmo agindo no apoio às decisões e tomando-as para se aproximar de seu objetivo, mais será capaz de continuar assim. Em pouco tempo, você começou a programar seu comportamento diário de forma a sustentar sua Decisão Poderosa (sem nem mesmo se esforçar muito). Tudo começa em escrever e iniciar.

ACIONANDO SUA EQUIPE DE DECISÃO PODEROSA

Uma vez tendo uma ideia clara dos comportamentos que precisa interromper e dos que precisa começar, o próximo passo é envolver sua equipe de Decisão Poderosa. Se voltar para o Capítulo 10, você verá que há muitos papéis que as pessoas podem desempenhar em sua equipe. Dependendo do que está buscando realizar, você pode precisar de apenas um desses papéis ou pode precisar de vários deles, principalmente se estiver começando.

Como no exemplo da perda de peso, talvez seja necessário ter alguns colegas diferentes como "sábios conselheiros", que poderão assessorá-lo nas decisões específicas sobre planos de exercícios e alimentação. Eles podem ser especialistas que trabalham individualmente, ou outros que possam ser seguidos no Instagram, e dão ótimas dicas sobre dietas e exercícios. Pode até mesmo ser aquele amigo que perdeu mais de 20 quilos e comenta como fez isso. Talvez você possa precisar de um "assistente", uma pessoa que seja responsável por reunir todas as decisões que está tomando em prol de seu novo estilo de vida. Você pode enviar mensagens ou e-mail para essa pessoa diariamente para atualizar seu progresso, ou ela pode contatá-lo uma vez por semana para ver como você está se saindo.

Escolha sua equipe específica para esse objetivo com cuidado e depois confie nela para ajudá-lo a voltar à trilha certa.

REUNINDO TUDO

Agora é hora de visualizar seu plano de ação Decisão Poderosa para ver como tudo se encaixa. No fluxograma com a amostra a seguir, você verá "Perda de Peso" na primeira coluna. Essa é a sua Decisão Poderosa. Depois verá "Criar Equipe de Decisão" e "Pare", "Comece". Esses foram os dois passos primordiais que discutimos até agora. Depois, mais à direita, no alto, estará uma lista de seus colegas de equipe e, embaixo, os comportamentos específicos que você vai começar ou parar.

Esse fluxograma será diferente na visão de cada um, e para todas as Decisões Poderosas que tomarmos em nossa vida. Criar mudança em nossas vidas requer que sejamos intencionais com relação às nossas decisões, e penso que a melhor maneira de acompanhar nossas intenções é escrevendo, assim podemos recorrer às anotações para lembretes e motivações ao longo do caminho.

Veja o exemplo:

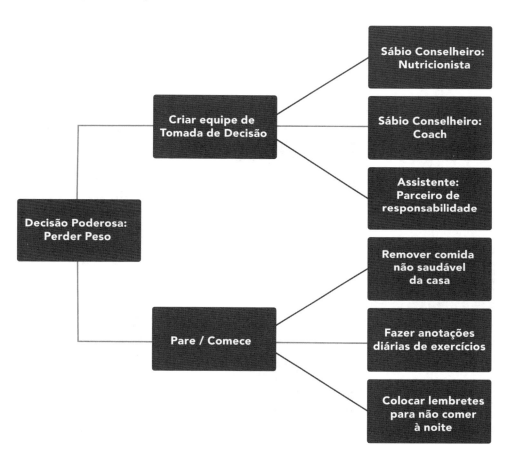

Agora é sua vez. É melhor você fazer isso em um papel separado ou em uma agenda. Mas há espaços em branco no fluxograma a seguir se for mais fácil preencher aqui mesmo:

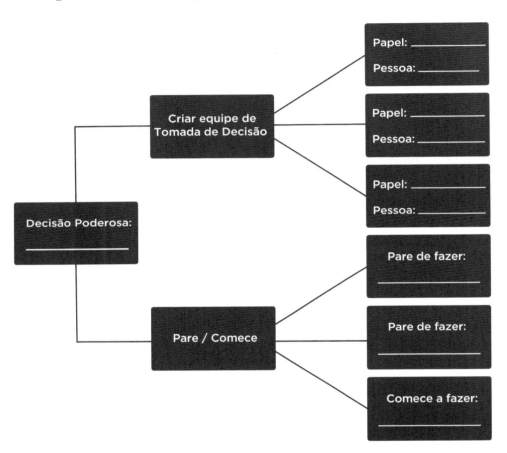

DEIXE O UNIVERSO DECIDIR

Tomar sua Decisão Poderosa, e todas as decisões a ela relacionadas diretamente, pode ser revigorante. Você reconheceu que tem o poder de mudar sua vida para melhor, e está agindo em função disso agora mesmo. O que deve ser incrível. Mas quero chamar sua atenção para a etapa final e obrigatória do processo.

Deixe o universo decidir
o resultado.

Quando estava na Fordham University, antes de ficar sóbrio, tinha que fazer um trabalho para a aula de filosofia. A ideia era escrever sobre um tópico pela perspectiva de dois filósofos famosos, mas ambientado nos dias atuais. Essencialmente, a questão era esta: se esses filósofos estivessem vivos hoje, como argumentariam em defesa de suas posições?

O ano inteiro foi em preparação a esse trabalho e, para ser honesto, tinha faltado metade das aulas e aparecido chapado na outra. Acho que você pode dizer que tinha o pensamento filosófico do viciado, o que significa que eu me drogava e depois, de repente, pensava ter ligado os pontos de como obter a paz mundial ou ter descoberto o significado da vida. Ou seja, não exatamente os tipos de respostas que meu professor procurava.

Resumindo, tinha esse trabalho para entregar em 24 horas e era algo que, sem brincadeira, levaria várias semanas para escrever. Meu irmão mais velho, David, era amigo dos gêmeos Daniel e Jeremy Lehrer, que me permitiram mencionar seus nomes. Eles eram superinteligentes, e ainda são. Liguei para eles e implorei para que fizessem o trabalho para mim, caso contrário estaria ferrado. Meu medo era o de ser reprovado caso não entregasse um bom trabalho, ou seja, teria que cursar a disciplina de novo. Então eles fizeram esse favor para mim. Quando li, fiquei maravilhado com a ideia criativa que eles apresentaram. Eles colocaram os dois filósofos um contra o outro — acho que eram Descartes e Sócrates — e foram mostrando todas as evidências a favor de seus pontos de vista. Não mudei uma única letra do trabalho; só o entreguei.

Quando o professor o devolveu uma semana depois, havia um enorme F vermelho no alto da página. Claro que ele sabia que eu não tinha feito o trabalho. E a pior parte — a nota representava um terço da nossa nota final da aula. Meu histórico escolar certamente sofreu por conta desse resultado.

Muitos anos depois, estava em um curso de psicofarmacologia que fazia parte do programa para me tornar conselheiro de viciados em álcool e drogas. Isso foi depois de ficar sóbrio, portanto, minha tomada de decisão não era mais anuviada por substâncias. Mesmo assim, tomei uma decisão impulsiva. Pelo menos não foi premeditada e, mesmo se fosse, sabia que estava sendo impulsivo. Mas estávamos fazendo uma prova e estiquei o olho para ver a resposta que uma mulher perto de mim escrevia.

Você sabe o que aconteceu a seguir.

AGINDO DE FORMA AUTÊNTICA **283**

Embora tenha estudado para a prova, e sabendo a maioria das respostas, ainda assim copiei compulsivamente as dela. No final, entreguei para a professora, mas, quando estava saindo da sala, tomei outra decisão impulsiva. Dei meia volta e fui direto à professora: — Copiei as respostas da prova de uma pessoa, eu colei — falei de uma vez. Não tinha ideia do que aconteceria depois, nem ligava; só o que pensava era que agir daquele jeito me deu um alívio instantâneo. A professora ficou visivelmente surpresa, com os olhos abertos e as sobrancelhas mostrando confusão. Não sei se ela pensou que estava brincando, ou era louco, ou sei lá.

— *Nesta* prova, que acabou de entregar?

— Sim. Eu vi a resposta de uma pessoa e copiei. Desculpe.

Ela concordou e apenas disse: — Obrigada, Mike. E eu saí da sala.

Na semana seguinte, pegamos as notas da prova. Fiquei perplexo. Tinha recebido A. Depois da aula, fui até a professora, e antes que eu abrisse a boca, ela disse: — Obrigada por sua honestidade —, e virou-se para falar com outro aluno.

Como pode ver, fui impulsivo em minha tomada de decisão. Trapacear, claramente, nunca é bonito. E eu sabia disso. Mas em vez de deixar para lá e desejar nunca ter feito aquilo, ou deixar que isso pesasse em mim como chumbo, imediatamente assumi o que fiz. A professora podia ter falado para o reitor e quem sabe o que poderia ter acontecido depois? A verdade, porém, era que qualquer que fosse a consequência, para mim estava tudo bem, pois tinha revelado minha decisão ruim. O universo decidiu que seria poupado e sou agradecido por isso.

Sei que as pessoas *podem* mudar. E, quando mudamos, nossas decisões mudam, e o mundo ao nosso redor muda também. Agora que você descobriu como tomar decisões com o Melhor de Si Mesmo, você também tem o poder de mudar qualquer parte de sua vida que escolher.

Podemos controlar muita coisa, especificamente nosso comportamento, mas simplesmente não conseguimos controlar ou prever resultados. E ponto. Contudo, em vez de nos sentirmos com medo, imaginando como as coisas vão ficar, podemos optar por relaxar. Podemos nos manter mentalmente tranquilos e, como tomamos decisões a partir de nossa melhor versão, podemos deixar o resultado por conta do universo. Sei que isso pode parecer meio estranho: depois de todo o trabalho que fizemos em nós mesmos e todo esse planejamento, o que se tem a fazer é apenas "desapegar e entregar para Deus". Mas há uma liberdade nisso, porque a verdade é que o universo pode simplesmente ter algo planejado para nós que é infinitamente mais maravilhoso do que aquilo que esperamos. Sabemos que algo mudará porque *nós* mudamos, e pode ser muito melhor que o previsto.

Você tomou sua Decisão Poderosa, que é abordar todas as decisões com o Melhor de Si Mesmo, e está fazendo o que é possível para trazê-la à vida. Foi para isso que você veio até aqui. O restante está nas mãos do universo, ou de Deus, ou o que for que você acredite como força superior. Seu trabalho é se sentir confiante e seguro, e que tomou sua decisão cuidadosamente com o Melhor de Si Mesmo, olhando pela perspectiva da oportunidade.

Agora, como um símbolo de sua intenção de deixar o universo decidir, eu o incentivo a entoar um mantra em voz alta. Gosto de entoar mantras na frente do espelho, porque posso mirar meus próprios olhos, e sinto como se estivesse me dirigindo ao meu espírito. Vou lhe dar um mantra de amostra, mas sinta-se livre para escrever suas próprias palavras, assim ele ressoará dentro de você:

Com a mentalidade da oportunidade,

Eu tomei minha decisão como o Melhor de Mim.

Eu sei o que tenho que fazer.

Eu agora escolho que o universo decida o resultado.

Eu abdico do controle e escolho a paz.

Escreva-o e deixe-o próximo, assim você pode retornar a ele a qualquer hora que precisar de um lembrete gentil. A maior jornada em que todos nós estamos é a que vai da cabeça ao coração. Uma forma de torná-la mais fácil é manter seu coração aberto, assim você é completamente o que tem que ser. Também é importante lembrar que você tem muito a agradecer hoje, e merece tomar decisões que venham do seu coração nesse pequeno período de tempo que você tem nesse mundo. Quando digo coração, estou me referindo ao seu amor pela vida, ao entusiasmo pela oportunidade, à capacidade de superar desafios, à liberdade de chegar ao outro lado e à resiliência que você sente quando está lá.

ASSUMIDAMENTE AUTÊNTICO

Se você chegou tão longe neste livro, você é incrível. Sei que muitas pessoas não conseguem chegar ao fim deste tipo de livro, que realmente o desafia a olhar para si mesmo e ir profundamente. Pode ser assustador, mas você conseguiu. Espero sinceramente que, se tiver aprendido apenas uma coisa, que seja isto: você *é* exatamente quem *deveria ser*. Se for esse o caso, então fiz meu trabalho.

> Agora você pode seguir em frente
> com sua vida, assumidamente
> vivendo o Melhor de Si Mesmo.

Como falamos no comecinho deste livro, viver autenticamente é uma decisão que tomamos todo santo dia. Nem sempre teremos sucesso nisso. Compartilhei com você algumas das maneiras como saí do rumo em minha vida e isso inevitavelmente acontecerá de novo. Mas agora você tem ferramentas para encontrar seu caminho de volta, para aproveitar as FORÇAS positivas e tomar decisões como o Melhor de Si Mesmo de novo. Estou aqui para ajudá-lo também. Sinta-se livre para me seguir nas redes sociais em todos os canais [conteúdos em inglês]. Eu e minha equipe criamos o clube do livro *Decisão Poderosa*, no qual você descobrirá uma comunidade bastante diversa. É um lugar divertido e de fortalecimento. Espero que se junte a nós. Procure por @CoachMikeBayer.

Até a próxima. Deixo você com estas palavras.

TOME A DECISÃO DE...

NUNCA DESISTIR DE SI MESMO

ABRAÇAR SUA SINGULARIDADE

SILENCIAR SUAS DESCULPAS

JULGAR O SABOR DA COMIDA, MAS NÃO
AS PESSOAS

ESTAR NA SOLUÇÃO

VER SUA LUTA NO PASSADO COMO UM SINAL
DE SUA RESILIÊNCIA

PASSAR TEMPO FAZENDO O QUE O MOTIVA

MOTIVAR OUTRAS PESSOAS

AMAR INCONDICIONALMENTE

CONTAR SUA HISTÓRIA

AMAR A SI MESMO

NOTAS

CAPÍTULO 6: SUPERGENERALIZAÇÃO OU PENSAMENTO OBJETIVO

1. **Página 131 - "tirando uma conclusão ou fazendo uma declaração":** Oxford English Dictionary, "Overgeneralize", https://www.lexico.com/en/definition/overgeneralize.

2. **Página 148 - Com base nos exemplos que conseguimos rapidamente lembrar:** Johan E. Korteling, Anne-Marie Brouwer e Alexander Toet, "A Neural Network Framework for Cognitive Bias", Frontiers in Psychology 9 (2018).

CAPÍTULO 7: MENTALIDADE RÍGIDA OU MENTALIDADE RELAXADA

1. **Página 165 - Na verdade, um estudo mostrou:** Jeremy A. Frimer, Linda J. Skitka e Matt Motyl, "Liberals and Conservatives Are Similarly Motivated to Avoid Exposure to One Another's Opinions", *Journal of Experimental Social Psychology* 72 (2017): 1–12, www.sciencedirect.com/science/article/abs/pii/S0022103116304024.

CAPITULO 9: RACIOCÍNIO EMOCIONAL OU RACIOCÍNIO BASEADO EM EVIDÊNCIAS

1. Página 215 - **"Al-Anon Family Groups":** Al-Anon Family Groups, Media Kit, al-anon.org/media-kit/.

2. **Página 216 - De acordo com a National Survey:** Rachel N. Lipari, PhD e Struther L. Van Horn, MA, "Children Living with Parents Who Have a Substance Use Disorder", The CBHSQ Report, 24 de agosto de 2017, www.samhsa.gov/data/sites/default/files/report_3223/ShortReport-3223.html.

3. **Página 227 - É uma reação alimentada emocionalmente:** Eric Wargo, "The Mechanics of Choice", Association for Psychological Science, 28 de dezembro de 2011, www.psychologicalscience.org/observer/the-mechanics-of-choice.

CAPÍTULO 10: SUA EQUIPE DE TOMADA DE DECISÃO

1. **Página 254 - "intenções ou motivos implícitos":** Oxford English Dictionary, "Agenda", https://www.lexico.com/en/definition/agenda.

Projetos corporativos e edições personalizadas
dentro da sua estratégia de negócio. Já pensou nisso?

Coordenação de Eventos
Viviane Paiva
viviane@altabooks.com.br

Assistente Comercial
Fillipe Amorim
vendas.corporativas@altabooks.com.br

A Alta Books tem criado experiências incríveis no meio corporativo. Com a crescente implementação da educação corporativa nas empresas, o livro entra como uma importante fonte de conhecimento. Com atendimento personalizado, conseguimos identificar as principais necessidades, e criar uma seleção de livros que podem ser utilizados de diversas maneiras, como por exemplo, para fortalecer relacionamento com suas equipes/ seus clientes. Você já utilizou o livro para alguma ação estratégica na sua empresa?

Entre em contato com nosso time para entender melhor as possibilidades de personalização e incentivo ao desenvolvimento pessoal e profissional.

PUBLIQUE SEU LIVRO

Publique seu livro com a Alta Books.
Para mais informações envie um e-mail para: autoria@altabooks.com.br

 /altabooks   /alta-books   /alta-books   /altabooks   /altabooks

CONHEÇA OUTROS LIVROS DA **ALTA LIFE**

Todas as imagens são meramente ilustrativas.